A SABEDORIA QUE CURA

Dados Internacionais de Catalogação na Publicação (CIP)
(Câmara Brasileira do Livro, SP, Brasil)

Leloup, Jean-Yves
  A sabedoria que cura / Jean-Yves Leloup / tradução de Karin Andrea de Guise. – Petrópolis, RJ : Vozes, 2018.

Título original: La sagesse qui guérit
Bibliografia.

1ª reimpressão, 2018.

ISBN 978-85-326-5689-6

1. Cura – Aspectos religiosos – Cristianismo I. Título.

18-12021   CDD-234.131

Índices para catálogo sistemático:
1. Cura : Espiritualidade : Cristianismo   234.131

Jean-Yves Leloup

A SABEDORIA QUE CURA

Tradução de
Karin Andrea de Guise

Petrópolis

© Éditions Albin Michel, 2015

Título do original em francês: *La sagesse qui guérit*

Direitos de publicação em língua portuguesa – Brasil:
2018, Editora Vozes Ltda.
Rua Frei Luís, 100
25689-900 Petrópolis, RJ
www.vozes.com.br
Brasil

Todos os direitos reservados. Nenhuma parte desta obra poderá ser reproduzida ou transmitida por qualquer forma e/ou quaisquer meios (eletrônico ou mecânico, incluindo fotocópia e gravação) ou arquivada em qualquer sistema ou banco de dados sem permissão escrita da editora.

CONSELHO EDITORIAL

Diretor
Gilberto Gonçalves Garcia

Editores
Aline dos Santos Carneiro
Edrian Josué Pasini
Marilac Loraine Oleniki
Welder Lancieri Marchini

Conselheiros
Francisco Morás
Ludovico Garmus
Teobaldo Heidemann
Volney J. Berkenbrock

Secretário executivo
João Batista Kreuch

Editoração: Maria da Conceição B. de Sousa
Diagramação: Sheilandre Desenv. Gráfico
Revisão gráfica: Nilton Braz da Rocha / Nivaldo S. Menezes
Capa: Ygor Moretti
Ilustração de capa: © Chinnapong | Shutterstock

ISBN 978-85-326-5689-6 (Brasil)
ISBN 978-2-226-31625-7 (França)

Editado conforme o novo acordo ortográfico.

Este livro foi composto e impresso pela Editora Vozes Ltda.

Sumário

Introdução – Da primazia do espiritual entre os Terapeutas de Alexandria, 7

I – O homem passível, 15

II – Na origem dos terapeutas – As quatro grandes escolas da antiguidade grega, 23

III – A escola de sabedoria dos Terapeutas de Alexandria, 39

IV – Sabedoria e loucura, 51

V – *Epistrophe* – *metanoia* – *metamorphosis*, 55

VI – Psicoterapia transpessoal e cristianismo, 59

VII – Claro silêncio e *hesychia* entre os Terapeutas do Deserto, 91

VIII – *Non sum, ergo sum*, 99

IX – O *tetrapharmacon* segundo Epicuro, Sidarta, Fílon e Yeshua, 103

X – *Dasein*-análise e onto-terapia, 133

XI – A escola de Todtmoos-Rütte (Graf Dürckheim – Maria Hippius), 137

XII – O numinoso, a arte e a terapia, 155

XIII – De Freud (Sigmund) a Freud (Lucian), 163

Anexo – Cartas aos terapeutas, 169

Referências em português, 203

Introdução

Da primazia do espiritual entre os Terapeutas de Alexandria

Vinte anos após a publicação de *Cuidar do Ser*[1], julguei ser útil interrogar-me novamente sobre o que é um terapeuta. É preciso revisar a etimologia, a história, a prática destes antigos Terapeutas de Alexandria e apreciar sua antropologia, sua ética e a inspiração que eles podem ser para os terapeutas de hoje. O que eles têm a nos transmitir que nós já não saibamos? "Nada de novo sob o sol", poderíamos dizer juntamente com a sabedoria desiludida do Qohelet[2], quase contemporâneo de Fílon[3]; ou seria melhor dizer: "Tudo é sempre novo sob o sol", "Não entramos duas vezes no mesmo rio"? O sentimento da nossa impermanência ou nossas perdas de memória também podem nos deixar em um estado de assombro. Ainda hoje os terapeutas se alimentam do espírito de Fílon de Alexandria e desses homens e mulheres que, por volta do ano 1, antes e após o nascimento do cristianismo, viviam nas proximidades do Lago Mareótis no Egito, em uma harmonia secreta com a natureza, os anjos, os deuses e com Aquilo que está Além de tudo; esta har-

---
1 Publicado no Brasil pela Editora Vozes em 2011.
2 Eclesiastes, livro do Antigo Testamento [N.T.].
3 Fílon ou Philon de Alexandria (10 a.C.-50 d.C.) foi um dos mais renomados filósofos do judaísmo helênico. Interpretou a Bíblia utilizando elementos da filosofia de Platão. Ele foi o primeiro a falar dos Terapeutas. A palavra "terapeuta" é a tradução grega do termo hebraico *yarhid*, que significa "único" e "unificado" (alguém que trabalha na unificação da sua feminilidade interna e da virilidade da sua alma, não importa qual seja seu sexo) e designava homens e mulheres que viviam em comunidade e cuidavam do Ser, ou seja, do aspecto divino do ser humano. Fílon escreveu a respeito da vivência dos Terapeutas na obra *Sobre a vida contemplativa* [N.T.].

monia "cosmoteândrica"[4], como dizia Raimon Panikkar[5], que não paramos de descobrir, encontrar ou inventar.

O que é um terapeuta? Nós conhecemos as diversas etimologias associadas aos verbos "servir" e "cuidar"[6], e isso basta, sem dúvida, para definir o terapeuta como "aquele que serve", "aquele que cuida", nobre serviço e nobre tarefa que demandam competências médicas ou psicológicas, "um saber-ser". No entanto, nos esquecemos de um elemento importante da própria etimologia da palavra "terapeuta": Théos, a referência a Deus. Trata-se, então, de "servir a Deus" e de "cuidar de Deus", etimologia inaudível para a maior parte dos nossos contemporâneos.

Nossa palavra "Deus" vem do latim *dies*, que quer dizer o "dia", a luz; tomado neste sentido, o terapeuta é aquele que estaria a serviço da luz, em si mesmo e em todos os seres, aquele que cuida da claridade que está no coração de cada coisa. Em uma perspectiva não dualista e científica, a luz é considerada a mais alta "velocidade" da matéria, ou a matéria, a vibração ou velocidade mais lenta da luz. Cuidar da luz é cuidar da nossa matéria que está se formando: "Eu Sou" o que "Eu Serei". Ver Deus é ver o Dia, ver o Invisível que envolve e habita o fundo de tudo aquilo que existe. A Vida é invisível, nossos corpos, todos os elementos do universo são a manifestação visível da Vida, mas ela própria permanece invisível.

O corpo que cuidamos é o corpo onde a Vida nos mostra algo de si mesma, sempre permanecendo oculta. A mínima atenção, o menor cuidado que dedicamos à mais ínfima realidade, é atenção e cuidado que dedicamos à Vida infinita; também poderíamos dizer que estamos nos devotando à Vida infinita. Mais precisamente, a palavra grega que encontramos na etimologia de *Thérapeutès*,

---

4 A união cosmoteândrica exprime a união indissolúvel, totalizante que constitui toda a Realidade; a tripla dimensão da realidade como um todo: cósmica-divina--humana (cf. PANNIKKAR, R. *La réaltà cosmoteandrica*).

5 Raimon Pannikkar (1918-2010), filho de mãe catalã e pai hindu, foi sacerdote, químico, filósofo e teólogo, grande incentivador do diálogo entre as religiões [N.T.].

6 Cf. LELOUP, J.-Y. *Cuidar do Ser*. Petrópolis: Vozes, 2011.

é *Théos*, que não é adequadamente traduzida pela palavra latina *Deus* ou tampouco pela palavra francesa "*Dieu*". Encontramos essa etimologia em uma outra palavra grega, importante para os terapeutas: *théoria*, que é maltraduzida por "teoria", palavra que hoje em dia possui um sentido bem diferente daquele da época de Fílon. Assim como para Platão e os antigos gregos, "*théoria*" significava "visão" ou "contemplação". Ou seja, o *Théos* grego não é apenas "luz", mas "visão", contemplação da luz, consciência do Invisível. Cuidar do *Théos* em um ser, é oferecer-lhe sua capacidade de visão, de contemplação, é oferecer-lhe "a consciência de ser, o Ser".

"Os terapeutas aprendem a ver claro", diz o texto de Fílon. A palavra "a-teu" possui a mesma etimologia, ela quer literalmente dizer "sem visão" (*a-théos*), "não ver claro". Para os antigos, o ateísmo não é uma escolha mais ou menos razoável contra essa ou aquela representação do irrepresentável que chamamos de "Deus"; o ateísmo é uma "doença dos olhos", perda da visão e desta "consciência" que é a saúde do homem. Naquela época, ninguém podia se vangloriar de ser ateu, as pessoas podiam apenas lamentar, como se esta fosse uma enfermidade, um sofrimento, pois significa não ver Deus, a Invisível luz em tudo aquilo que é visível. É uma perda de consciência: não mais ver a Vida invisível no coração de toda vida visível, a Vida impalpável no coração de tudo aquilo que é tocado, a Vida silenciosa que ressoa na âmago de todos os ruídos do mundo, é "o esquecimento do Ser".

O terapeuta, se respeitarmos o que essa palavra originalmente quer dizer, está a serviço daquele que se reconhece "cego" para que ele possa reencontrar a visão. A visão do Real "que é o que ele é" (YHWH[7] em hebraico), presente no coração de todas as realidades transitórias. "A glória de Deus é o homem vivo, a vida do homem é a visão de Deus", dirá dois séculos mais tarde Santo Irineu de Lyon.

---

7 YHWH: retranscrição das consoantes hebraicas yod (י), he (ה), vav (ו), he (ה), que formam o tetragrama sagrado e impronunciável do Nome de Deus [N.T.].

O terapeuta é aquele que cuida do homem que se torna vivo por intermédio da visão de Deus.

Mas o que é ver Deus? Novamente, é "nada ver", não é ver "alguma coisa" ou "alguém", um ser ou um ente; para Fílon e os antigos terapeutas, Deus é "mais do que ser", melhor que o Bem, além do Um, além de tudo. Deus é *no-thing*, "uma não coisa", o Ser não é "um ser", é o espaço, a claridade, é aquilo que permanece entre nós, entre tudo, o Nada, *no-thing*, o "não uma coisa", de onde nascem todas as coisas mencionadas no Livro do Gênesis, o Tetragrama – *yod he vav he* – o Nome impronunciável da experiência bíblica.

Existe em nós, em todo ser, um espaço, uma liberdade, um silêncio, que devemos preservar. É o que temos de mais precioso, talvez seja também o que há de mais frágil no universo. "Devemos cuidar de Deus para que ele não morra", dizia Etty Hillesum[8]. O terapeuta, segundo Fílon de Alexandria, está a serviço desta visão. Antes de tudo, ele cuida para que despertemos nosso olhar interno, capaz de ver "aquilo que é" "naquilo que passa". Ele nos leva do existencial ao essencial, este essencial que não é uma essência abstrata ou um "submundo", mas a Vida da nossa vida, o Sopro do nosso sopro, a Consciência da nossa consciência, o Ser do nosso ser – ali se encontra a *soteria*, traduzida por "saúde" ou ainda por "salvação", a "grande Saúde".

As tradições orientais dizem que a *a-vidya*, a ignorância, é a fonte de todos os males, tanto físicos quanto psíquicos e cósmicos. *A-vidya* quer dizer exatamente a mesma coisa que *a-théos*, "ausência de visão"; a ignorância não é apenas falta de saber, mas desconhecimento de si e do Si (Self), esquecimento do Ser (*brahman*) que nos faz ser. Portanto, não falaremos apenas de saúde ou salvação que decorrem quando, por meio do reconhecimento, encontramos nossa intimidade com o Self, com o Real infinito. Falaremos do

---

8 A judia Etty Hillesum (1914-1943) morreu em Auschwitz. Seu tocante diário, narrando os últimos três anos da sua vida, foi descoberto e publicado após sua morte, tendo um grande impacto sobre o público ao revelar sua vida intensa e profunda [N.T.].

Despertar, sair da ignorância que é causa do nosso infortúnio, ou seja, da nossa identificação com nosso "ser para a morte" – ser para a morte que não devemos negar, já que ele próprio é uma manifestação do Ser não criado, não nascido. Cuidar dele é parar de idolatrá-lo ou desprezá-lo, é devolver-lhe sua transparência, seu caráter ontofânico ou teofânico.

Quando os antigos terapeutas ou os sábios da Índia falam sobre ateus e ignorantes, não é para julgá-los ou condená-los, mas para convidá-los a ir mais longe, a dar um "passo a mais", um passo além das suas representações de si mesmo e do mundo, um passo além das imagens e dos sintomas nos quais eles se sentem travados. Evidentemente, eles não podem fazer nada por aqueles que se comprazem de sua ignorância ou que fazem desta ignorância a própria condição do homem e não querem, por preço algum, sair deste estado, pois a consciência do absurdo das suas vidas lhes parece ser a maior lucidez e a mais elevada consciência.

Há um ditado que diz: "reconhecer que estamos doentes é metade da cura"; reconhecer que não vemos é o início da visão; reconhecer o seu ateísmo, no sentido etimológico, pode ser o primeiro passo em direção a Deus. Saber que nada sabemos é o início da sabedoria. Talvez seja também o fim, mas não devemos confundir a ignorância estúpida com a "douta ignorância", o silêncio daquele que não tem nada a dizer não é o silêncio daquele que pensa ter falado o suficiente e que pode, dali em diante, calar-se. Seria necessário distinguirmos o ateísmo do ignorante, que não crê em Deus, do ateísmo do místico, que não crê em um deus, mas que adere ao Deus que está além dos deuses, sobre o qual falam Fílon de Alexandria e seus sucessores...

Quando falamos sobre os terapeutas, será que deveríamos falar de imediato sobre Deus? Não deveríamos "cuidar" e desenvolver os cuidados que, em um primeiro momento, os terapeutas dedicam ao corpo (meio ambiente, vestuário, alimentação), em seguida à alma, à psique (emoções, paixões, memórias, sonhos) para, enfim, chegarmos aos cuidados espirituais, onde devemos, de fato, cuidar do Ser e respeitar a dimensão ao mesmo tempo imanente e transcendente do Espírito ou *pneuma* no ser humano? Em um primeiro momento, essa abordagem me pareceu mais pedagógica, além de me ter permitido evitar falar sobre Deus, cuja menor evocação irrita o espírito castrador de certos pensadores "leigos", onde cada um projeta sobre a palavra "Deus" afetos que não têm nada a ver com o sentido preciso deste termo que busca dar testemunho de uma experiência íntima e inefável. Se eu falasse de Deus em um primeiro momento, também não estaria respeitando o Espírito no qual, segundo Fílon de Alexandria, a terapia deve ser praticada, pois para os terapeutas, devemos, "primeiro", "cuidar de Deus" em todos os seres, e é isso que dá um oriente ou uma orientação a esta forma particular de terapia que Graf Dürckheim[9] chamou (Seria esta a expressão justa?) uma "terapia iniciática".

No início da anamnese deste tipo de terapia, não se trata de relembrarmos apenas os traumas, os problemas ou as memórias da nossa tenra infância ou da nossa vida adulta, trata-se de relembrarmos os momentos "numinosos"[10], nem sempre luminosos, onde fomos tocados por uma outra dimensão, uma outra consciência, um todo outro Amor.

Relembrar as horas estreladas da nossa existência em nada diminui a densidade da nossa noite, mas nos lembra que a luz existe; podemos enveredar pelos diversos túneis da nossa existência porque já sabemos, já experimentamos nestes momentos de abertura, que há "algo maior do que nós", sabemos que a saída não é uma ilusão, um sonho vão. Aqui não é o lugar para lembrarmos as oca-

---

9 Karlfried Graf Dürckheim (1896-1988), diplomata, psicoterapeuta e filósofo alemão iniciado na Escola do Zen Rizai, fundador, junto com Maria Hippius, da Escola de Todtmoos Rutte, que é um centro de formação e de encontros da psicologia existencial e uma escola de terapia iniciática. Seus ensinamentos incluem o misticismo cristão, a psicologia profunda de Jung e o zen-budismo [N.T.].

10 O "numinoso" é, segundo R. Otto e C.G. Jung, aquilo que toma conta do indivíduo e que vem de uma outra dimensão, de um lugar "além" trazendo o sentimento da presença absoluta, uma presença divina [N.T.].

siões onde pode se manifestar a Presença do Ser ou do "Aberto" em nossa vida – isso já foi escrito[11]. Trata-se simplesmente de lembrar da primazia do espiritual no exercício da terapia entre os antigos terapeutas. Devemos, primeiro, cuidar daquilo que "vai bem" em alguém que vai mal, ver nessa pessoa a saúde antes da doença, pois é a partir daquilo que está saudável que a cura poderá acontecer.

Cuidar de Deus em um ser humano é reconhecer sua parte de liberdade, aquilo que permanece livre nele com relação à sua doença. Ele "não é" um câncer, ele "tem" um câncer, provação que pode ser transformada em "ocasião" (*kairos*) de crescimento ou descoberta das dimensões de si mesmo até então desconhecidas. Isso não vai poupar o sofrimento, mas talvez lhe traga um sentido, pois o pior sofrimento é aquele ao qual não podemos dar um sentido. Hoje em dia, seguindo as pegadas de Fílon, a logoterapia de Viktor E. Frankl nos lembra que é o *Logos* que dá sentido a toda vida e toda experiência.

Cuidar do Ser infinito em um ser humano, finito e mortal, é mantê-lo no Aberto, e isso deve ser feito no corpo, no psiquismo e no intelecto que ele é. Isso supõe uma antropologia quaterna e não dualista que é a antropologia dos antigos terapeutas e que pode ser a dos terapeutas de hoje. *Soma, psique, noûs*, informados e animados pelo *pneuma*; corpo, alma, espírito, informados e animados pelo Espírito:

• A saúde do corpo é a sua transparência ou transfiguração pela presença do Sopro santo (*Pneuma*).

• A saúde do psiquismo é a abertura do coração, através da generosidade, à compaixão e ao amor infinitos.

• A saúde do espírito (*noûs*) é o despertar e a humildade da inteligência aberta àquilo que a transcende; é a "grande Saúde" (*soteria*), que os Terapeutas do Deserto, seguindo o caminho aberto por Fílon, chamarão de *théosis* ou divinização.

---

[11] Cf. LELOUP, J.-Y. *Carência e plenitude*. Petrópolis: Vozes.

A dor, o mal de viver, a morte, continuam presentes, mas eles são "vistos" na claridade do Ser e do Espírito, são "ocasiões" (*kairos*) e "passagens" rumo a este "obscuro e luminoso silêncio"[12], Presença essencial que é nossa verdadeira natureza aberta àquilo que os antigos terapeutas chamavam, não sem um certo maravilhamento, *O Ôn – O théos*.

---

12 Cf. LELOUP, J.-Y. *A teologia mística de Dionísio o Areopagita*. Petrópolis: Vozes, 2014.

I

O HOMEM PASSÍVEL

O que permite ao homem biológico (*bios*) provar sua condição de ser vivente e, assim, tornar-se um homem "passível" e patético? O que ele faz do seu *pathos*, daquilo que ele vivenciou? Ele o traduz em uma história, um relato, um mito (*mythos*) ou um *Logos*? Sem dúvida, é longo o caminho do *bios* ao *Logos* passando pelo *pathos* e o *mythos*; este é o caminho do homem passível ao homem sensato, mas não existe também um caminho do *mythos* e do *Logos* rumo ao *pathos*? É possível que uma palavra ou um mito possam nos tocar e estimular nosso imaginário a ponto de sentirmos os efeitos em nossa vivência ou "experimentação" (*pathos*) mais originárias? Esta palavra ou este mito tornam-se, então, para nós, uma experiência do despertar, de salvação ou cura.

Trata-se, antes de tudo, de experimentar a si mesmo, sair do biológico inconsciente. Eu experimento que eu existo: é a primeira provação e a prova de que existo. O *pathos* me confirma na minha existência, eu me sinto existir, logo existo e posso, evidentemente, ampliar esta evidência: "logo, a Existência existe". Dizer ou imaginar (à força do *mythos* ou de Palavras) que a Existência existe não faria muito sentido sem esta primeira provação, este primeiro *pathos*. Este pode desenvolver-se e aprofundar-se e trazer novas provas ou provações do Real sempre desconhecido, mas, de todo modo, experimentado. Eu provo não apenas que existo, que "eu estou aqui", mas este "estar aqui" está vivo, em formação, ele cresce, desaparece, muda. Eu experimento e provo que estou vivo e, portanto, que a Vida existe, eu não sou um ser inerte e inanimado, eu sou passível a todos os tipos de transformações: "Eu Sou – Eu Serei". Não apenas eu experimento que estou vivo, como, desta maneira, experimento igualmente que estou consciente de estar vivo, a ponto de me perguntar se esta "experimentação" não é a própria consciência – o *pathos* da vida que prova a si mesma não seria já o *Logos*? Em todo caso, o estar-aqui, a vida, a consciência existem, eu as experimentei e a prova é que estou aqui, vivo, consciente.

Talvez eu venha a experimentar não apenas sensações, mas sentimentos, ou seja, eu não fico mais "colado" aos corpos que me cercam, posso ter uma apreensão "distanciada", tanto no espaço quanto no tempo: em uma forma de memória que não é apenas intelectual, mas também afetiva, eu me lembro não de um objeto, mas de uma presença e de uma relação a esta presença; terei, então, necessidade do *Logos* para nomear o que experimentei. Chamarei isso de "Amor" ou usarei um outro nome? O fato é que eu me experimento não apenas como capacidade de ser, de ser vivo, de ser vivo e consciente, mas também como ser consciente, capaz de afeto ou amor. Deveríamos concluir que um "Amor em si", uma "consciência em si", um "Ser em si", uma *causa sui* existem? Aquilo que experimentei da Vida, da Consciência e do Amor seriam, então, prova da Uni-Trindade? Isso não seria da alçada tanto do *mythos* e do *Logos* quanto do *pathos*? Como poderia haver experiência direta, "patética" da Trindade? Além do mais, essa experiência não seria uma forma de redução do mistério?

Uma outra provação pode ainda nos acontecer: ao nos experimentarmos como existentes-viventes, capazes de consciência e amor, nós experimentamos nossos limites, o caráter evidentemente limitado da nossa vida, da nossa consciência e dos nossos amores, mas ao mesmo tempo nós nos experimentamos como "abertura ao Infinito". Vida, Consciência, Amor infinitos, livres dos limites nos quais eles se encarnam, sendo que esta encarnação constitui minha humanidade, mas não o Todo daquilo que a permeia. Esta "abertura ao infinito" não seria aquilo que os antigos chamavam nossa "capacidade de Deus"? O homem pode experimentar-se como *capax Dei*, e não como "ser mortal". Esta experiência de uma abertura a um ser mais vivo, mais consciente, mais amoroso que o ser ao qual estamos habitualmente identificados, poderá estar na fonte de um certo número de relatos míticos e especulações filosóficas que serão, por sua vez, matrizes de um imaginário e de um discurso religioso. Este discurso (*logos*) e este imaginário (*mythos*) terão, por sua vez, influência sobre a experimentação (*pathos*) daqueles que a ele aderirem. Isso fará, por exemplo, que a sensação de "ser salvo" ou "ser curado" (*soteria*) seja diferente segundo as culturas, tradições e religiões nas quais nos situamos. Observaremos igualmente que a experimentação tocará mais particularmente o elemento do composto humano ao qual a tradição (*logos*) nos tornou mais sensíveis, seja o intelecto, o coração ou o centro vital.

Como somos salvos (*soteria*) no cristianismo? Como somos curados? Pelo sacrifício do Cristo, morto e ressuscitado, dizem os cristãos (história, mito e teologia da paixão). Como experimentamos que o Cristo nos salva? Pela sensação, o sentimento e o reconhecimento que somos extremamente amados. "Ele deu", Ele dá sua vida por nós, Vida divina – Vida humana. É a sensação, o sentimento, o reconhecimento de sermos amados infinitamente que nos salva e nos cura. No fundo nós somos amados, nossa vida não é absurda, ela encontra seu sentido e sua paciência nesta sensação, neste sentimento, neste reconhecimento do Amor infinito, manifestado no Cristo; nesta aquiescência de todo nosso ser ao Ser que nos ama, ou seja, nos dando sua vida. Um dos efeitos dessa experiência é a alegria; a alegria não apenas de se reconhecer criado, não "jogado aqui", mas "dado aqui", como também a alegria de ser "afiliado", de estar em relação com o Pai (a Fonte de tudo aquilo que vive e respira) no Sopro do Espírito: de ser filho com o Filho, *logos* no *Logos*, consciência na Consciência, vida na Vida.

Como somos despertados, salvos (*soteria*), curados no budismo? Pelo Despertar do Buda, o despertar à nossa natureza de Buda, dizem os budistas. Como experimentamos isso? Pela sensação, o sentimento, o reconhecimento da clara luz, do claro silêncio, da compaixão infinita que nos habitam. A adesão e a aquiescência a isto com todo nosso ser é o que nos salva e nos cura, não há nada a ser feito ou buscado, indicam o Mahamudra e o Dzogchen, trata-se apenas de nos abrirmos e despertarmos à nossa natureza de Buda que é a nossa verdadeira natureza desperta desde sempre.

Em outras práticas próximas da prática do Oriente e dos Terapeutas de Alexandria, diremos que estamos salvos, curados pela "pura Consciência" que nós somos. Como experimentamos isto? Pela sensação, o sentimento, o reconhecimento daquilo que é "antes e além de todo pensamento", pela presença daquilo que está aqui entre dois pensamentos, entre o inspirar e o expirar, entre duas emoções... A abertura a esta pura consciência é aquilo que nos salva e nos cura. Aqui também não há "nada a ser feito", mas a "deixar ser" aquilo que é. Sem dúvida, não é assim tão simples; se todos nós somos "infinitamente" amados, infinitamente conscientes e essa é a nossa graça original, nossa verdadeira natureza, por que "experimentamos" tão pouco? Seria "deficiência de *pathos*" ou ignorância (*avidya*) daquilo que está aqui infinitamente presente desde sempre e para sempre? Quais são as causas desta deficiência ou falta de "reconhecimento"? Novamente, *mythos* e discurso serão elaborados, *mythos* e *logos* nos afastando e em seguida nos aproximando do *pathos*. Afinal, o que é uma vida, uma consciência, um amor, que jamais foram "experimentados"? Mesmo que o experimentado, segundo o que todos dizem, transborde por todos os lados, a influência do percebido, do afeto e do intelecto fazem com que o Real seja experimentado como sempre estando além daquilo que é sentido, amado ou compreendido. A realidade experimentada dá testemunho de um Real não improvável, mas "inexperimentável".

Na tradição dos Terapeutas de Alexandria, de que maneira nos experimentamos salvos ou curados? Pela abertura, a disponibilidade atenta ao Ser (*O Ôn*) que está aqui, sempre e em todo lugar presente. A anamnese essencial é o exercício desta percepção atenta (que é também abertura e disponibilidade) ao Ser infinito no ser finito. Trata-se de acolher, pensar e agradecer esta evidência, não opor o conhecimento ao amor: pensar e conhecer é "aderir àquilo que é" (finito – infinito); amar é fazer apenas um com "aquele que é" (finito – infinito), aquilo que é e aquilo que somos não estão separados, o Real é Um; o acesso a este Um é nossa salvação e nossa saúde. A evidência do espaço por trás e diante de nossos olhos, a evidência daquilo que não vemos, mas que nos permite ver, é nossa busca e nosso repouso sem fim. Poderia haver um ser humano "possível" sem esta "passibilidade" ao Infinito, sem este *pathos*, sem esta maneira de experimentar aquilo que nos escapa? *"Homo passibilis, homo possibilis est"*.

O que é a doença? O que é estar doente? São questões sem fim que pressupõem a questão: O que é ser? Quem é? Quem sou eu? Quem está doente? É melhor colocar-se a pergunta: Onde está a doença? Onde ela se expressa? Onde está o ser doente? Onde estou eu? Onde estou doente? Nesta forma que a Vida toma em mim e que eu chamo de meu corpo? A dimensão corporal da Vida está perturbada por alguma coisa externa? Ou por algo interno? Os dois ao mesmo tempo? Ou é a dimensão mental da Vida que eu chamo de minha razão ou meu psiquismo que foram tocados? "Eu perco a razão". Tudo me parece absurdo, parece não haver lógica ou sentido. As dores de cabeça devem ser consideradas como perturbação da dimensão corporal da vida, sendo o cérebro apenas um órgão, sem dúvida privilegiado, mas um órgão da vida corporal? As perturbações mentais podem ser tratadas como doença ou disfunções do corpo, mesmo que os pensamentos e as emoções que as provoquem não sejam "corporais"? O que não é corporal? Um corpo pode conhecer algo que não seja corporal? Um "outro" além do corpo? Poderíamos responder afirmativamente, já que este pode ser afetado por outro além dele mesmo...

A vida, ao experimentar a si mesma, experimenta-se como feliz ou infeliz? O corpo é o lugar onde a vida experimenta a si mesma de diversas maneiras, positivas ou negativas. O que está na origem da nossa maneira de provar a Vida, positiva ou negativamente, feliz, desafortunada ou de alguma outra maneira? Falamos de "corpo consciente" – qual é esta Consciência que torna o corpo consciente, ou seja, capaz de experimentar-se como saudável ou doente, feliz ou infeliz ou de outra forma além de bem (feliz) ou mal (infeliz)? O que é um prazer sem consciência, o que é uma dor sem consciência? Um prazer e uma dor, não sem corpo (já que existe prazer ou dor), mas sem eu consciente para experimentá-lo? Não existe nem dor nem prazer "puros" de toda consciência, ou eles não seriam mais prazer ou dor. Seria esta a maneira como a sequoia ou a malva se experimentam, qualquer que seja o tempo, tempestuoso, úmido ou seco? Não deveríamos imaginar uma saída possível para a doença, o sofrimento e a morte; uma saída, ou seja, uma saúde, uma salvação, um despertar que seriam mais reais do que a doença, o sofrimento e a morte experimentadas?

Antes de tudo, não vamos mais falar em doença ou sofrimento, mas em desarmonia, ignorância, carência ou falta de saúde essencial, falta de beatitude original. Afirmar a realidade primeira da saúde sem a qual não haveria, por comparação, mal-estar. "Localizar" os lugares da dor, ou seja, de ausência de prazer, os lugares de infelicidade, ou seja, de ausência de felicidade, os lugares de tristeza (a acédia), ou seja, a ausência de alegria. Essas três "ausências" – dor, infelicidade, tristeza – são a prova "*a contrario*"[13] do prazer, da felicidade, da alegria, Presença de uma beatitude possível no ser humano. A dor e o prazer são corporais; ausência ou presença da Beatitude no corpo. A infelicidade e a felicidade são psíquicas; ausência ou presença da Beatitude na psique. A tristeza e a alegria são espirituais (noéticas), ausência ou presença da Beatitude no espírito.

Imaginemos a Beatitude – o Bem-aventurado –, a vida bem-aventurada, a grande saúde como "centro" ou "fundo" do nosso ser, sendo o prazer e o ser humano em boa saúde, a participação corporal a esta beatitude. Quando esta participação é perturbada

---

13 Expressão no original em latim [N.T.].

ou impedida (causas internas ou externas), nasce a dor, o homem sofredor. A participação psíquica a esta beatitude é a felicidade, o homem feliz. Quando esta participação é perturbada ou impedida (causas externas ou internas), nasce a infelicidade, o homem infeliz. A participação espiritual a esta beatitude é alegria, o homem alegre. Quando esta participação é perturbada ou impedida (causas externas ou internas), nasce a tristeza, o homem triste. A libertação ou a liberação do sofrimento, da infelicidade e da tristeza consiste, então, em reencontrar o vínculo com nosso centro bem-aventurado, fonte de prazer, felicidade e alegria. A volta a este centro pode ser experimentada após uma longa falta ou esquecimento, como uma salvação ou um despertar, um "estado de graça", sendo esta graça a natureza profunda e transcendente do homem, seu "Senhor e seu Deus". Portanto, a busca do prazer, da felicidade e da alegria consiste em descobrir o vínculo indestrutível do nosso ser com o bem-estar, da nossa saúde frágil com a grande Saúde, da nossa felicidade impermanente e da nossa alegria incerta com a beatitude que permanece.

Os meios físicos, psíquicos ou espirituais que nos são propostos para nos unirmos e permanecermos na Presença da vida bem-aventurada ou do Bem-aventurado, são justamente considerados instrumentos da grande Saúde, da verdadeira Felicidade, da Alegria essencial, participação orgânica, psíquica e espiritual a esta vida bem-aventurada, a esta Presença do Bem-aventurado em nós. Existem apenas dois tempos: o presente e o ausente; dois espaços, o da ausência ou o da presença. O presente e a presença são aquilo que a tradição judaica e os terapeutas chamam de Templo e *Shabbat*, espaço de Saúde (salvação) e tempo de felicidade. Entrar no templo é entrar em um espaço (interno ou externo) de silêncio e beatitude. Viver o *Shabbat* é entrar em um tempo (interno ou externo) de repouso e beatitude, é permanecer na Consciência de ser "Eu Sou" Bem-aventurado.

II

Na origem dos terapeutas

As quatro grandes escolas da antiguidade grega

Fílon de Alexandria considerava-se integralmente judeu e grego. A sabedoria dos Terapeutas de Alexandria é, ao mesmo tempo, herdeira da sabedoria grega e da sabedoria hebraica. Teremos tendência a opor essas duas sabedorias que denotam antropologias, cosmologias e teologias diferentes, mas não podemos negar o desejo e o esforço de síntese que representam a prática e a contemplação dos terapeutas que viviam nos arredores da grande cidade de Alexandria no século I da nossa era. Herdeiros da sabedoria de Salomão, eles queriam igualmente integrar em sua arte de vida o espírito e os exercícios (*askesis*) das quatro grandes escolas de sabedoria de Atenas (século IV a.C.):

- O Jardim de Epicuro e dos epicuristas em sua busca pela simplicidade e a ataraxia[14], liberdade para com o mundo, seus desejos e sofrimentos, com o objetivo de alcançar a vida bem-aventurada, que para eles é o puro prazer de existir.

- O Liceu de Aristóteles, que priorizou o intelecto por intermédio da busca do conhecimento dos elementos da natureza, mas também através da contemplação da causa primeira de tudo aquilo que existe.

- A Academia de Platão, com seu desejo pelo Belo, dentro e fora de toda beleza sensível e inteligível, que marcará os terapeutas de modo particular, fazendo-os esquecer um pouco Sócrates e sua interrogação "irônica" e permanente de todo saber.

---

14 Termo filosófico introduzido por Demócrito (c. 460-370 a.C.) que significa tranquilidade da alma e ausência de perturbação [N.T.].

- A Stoa de Zenão e dos estoicos que também terá uma enorme influência; viver à escuta do *Logos* que informa a natureza e tudo aquilo que existe. O *Logos* e a *Torá*[15] serão para eles a lei interna e externa de um mesmo Deus que ilumina e conduz o ser humano a participar da sua própria beatitude.

O Jardim

Epicuro[16] afirmava de pronto: "Nossa única ocupação deve ser nossa cura"[17]. Para ele, a filosofia é, antes de tudo, uma terapêutica. A infelicidade das pessoas vem do fato delas temerem coisas que não deveriam ser temidas e desejarem coisas que não são necessárias e que lhes escapam. Temores injustificados, desejos insatisfeitos... a cura é tirar a alma das preocupações da vida e conduzi-la ao simples prazer de existir.

Conhecemos o famoso *tetrapharmacon* ou remédio quádruplo, através do qual Epicuro acreditava poder libertar o homem do desejo e do medo:

1) os deuses não devem ser temidos;

2) tampouco devemos temer a morte;

3) é possível adquirir o bem;

4) é possível suportar o mal.

Essas quatro máximas suscitarão vários comentários; por enquanto, devemos situá-las na perspectiva de Epicuro que consiste em discernir os desejos naturais e necessários dos desejos naturais e não necessários. Satisfazer os primeiros, renunciar aos últimos e eventualmente aos segundos, será suficiente para garantir a ausência de perturbações. Sendo que, para Epicuro, a definição de prazer era, antes de tudo, "ausência de sofrimento"; "os gritos da carne" são: não ter fome, sede, frio – quem desfruta deste estado e

---

15 Torá: livro sagrado judaico, corresponde ao Antigo Testamento [N.T.].
16 Epicuro, nascido em Samos em 341 a.C. e morto em Atenas em 271 a.C.
17 Epístola a Meneceu.

da esperança de poder desfrutá-lo pode rivalizar em felicidade com o próprio Zeus.

Os deuses são ideias dos homens, aquilo que os filósofos chamam de "transcendentais": o Belo, o Verdadeiro, o Bem. Não devemos temê-los, mas tornarmo-nos semelhantes, particularmente através da tranquilidade e da equanimidade e, sobretudo, através da "sabedoria" que recapitula todas as suas qualidades.

Sobre este assunto, diziam que Epicuro "era como um deus dentre os homens" e praticamente lhe era dedicado um culto. As pessoas tentavam imitar seu modo de vida e a felicidade que ele encarnava. A felicidade de libertar-se de tudo aquilo que não é nem natural nem necessário, como já dissemos, mas também libertar-se, se possível, "daquilo que é natural mas não necessário", como a sexualidade. Aquele que consegue dispensá-la é mais feliz; do mesmo modo não são necessárias as iguarias suntuosas em moda nos banquetes da época. Epicuro prefere uma alimentação saudável, leve e sem carne, idem para os enfeites e as joias que tornam os corpos pesados fazendo com que eles não sejam mais templos do espírito, mas exposições das vaidades.

Não se trata de detestar o supérfluo, mas de manter-se livre para o essencial. Os epicuristas, no seio de uma sociedade inclinada ao esbanjamento e à decadência dos costumes, fazem apologia daquilo que hoje em dia chamaríamos uma "sobriedade feliz"[18]. Mais prazer, menos desejo, significa mais momento presente e menos expectativa. Aquele que se desembaraça dos falsos problemas, das falsas questões ou questões inúteis e de todo supérfluo, conhece a alegria neste jardim, ele saboreia um agradável descanso com seus amigos. Quando não estão compartilhando o silêncio, a conversação versa sobre os bons momentos da existência que são rememorados quando estão juntos; trata-se de evitar todas as tensões, todo desejo que introduziria a "dor" em suas vidas. A tudo, preferir a

---

18 Cf. RABHI, P. *Vers la sobriété heureuse* [Rumo a uma sobriedade feliz]. Actes Sud, 2010.

gratidão, o reconhecimento para com a Vida. A "sobriedade feliz" é "o bem possível a ser realizado" que podemos oferecer à humanidade como modelo ou esperança. "Graças à bem-aventurada natureza que fez com que as coisas necessárias sejam fáceis de ser alcançadas e que as coisas difíceis de alcançar não sejam necessárias" (EPICURO. *Fragmentos*, 469).

O simples prazer de existir no presente e estar com seus amigos é o único necessário. Estamos evidentemente longe da imagem do epicurista que desfruta por todos os seus orifícios. Epicuro não faz apologia do homem escravo dos seus prazeres, mas do homem livre para com seus prazeres e, mais particularmente, livre para com seus desejos, pois são sobretudo os desejos que causam o sofrimento; o prazer tem o mérito de estar no presente, o desejo nos rouba o presente e nos impede de apreciá-lo melhor. Não existe felicidade fora do presente, a antecipação da morte é inútil, o desejo por bens ausentes também o é. Trata-se de encararmos o presente e torná-lo suportável. "A cada dia basta sua pena e seu prazer, o amanhã se preocupará de si mesmo" – as palavras evangélicas talvez já fossem um provérbio epicurista.

Existem também alguns "exercícios" destes filósofos epicuristas que, sem dúvida, irão inspirar os Terapeutas de Alexandria, particularmente "a imaginação ou a abertura ao Infinito". Ver as coisas no Infinito, imaginar um universo fechado se dilatar até o infinito:

> As muralhas do mundo se abrem e desabam,
> vejo no vazio do universo as coisas se produzirem.
> Então, diante deste espetáculo, uma espécie de prazer divino apodera-se de mim...[19]

A evidência do infinito aparece sob os véus do finito. Aparição e desaparição das coisas no infinito do espaço, como as nuvens que se formam e se desfazem. Para os epicuristas, devemos igualmente nos exercitar para alcançar o relaxamento e a serenidade, a tranquilidade da alma (*apatheia, hesychia*); exercitar a alma para que ela

---

19 LUCRÉCIO. *De rerum natura*, III 16 e 30.

não fique retesada pela atenção, mas relaxada (a-tensão: sem tensão). Ao invés de representar os males antes da hora, fixar nossos olhares nos prazeres que podem chegar, fazer reviver os prazeres do passado, *carpe diem*[20]. "Enquanto falamos, o tempo ciumento fugiu; colha hoje sem confiar no amanhã." No "hoje" (*diem*), os terapeutas evocarão a luz que está na fonte de todas as claridades, "o grande dia" (*dies*) que é uma metáfora e uma das etimologias da palavra "Deus" (*dies – deus – dieu*), "*carpe Deus*". Enquanto conversamos, o tempo fugiu, sem arrependimento por ontem nem temor pelo amanhã, recolhe-te no Eterno.

O Liceu

Para Aristóteles e o Liceu, a vida bem-aventurada não é apenas este simples prazer de existir dos epicuristas, mas também o puro prazer de conhecer. É por meio do conhecimento que tem de si mesmo e do universo que o ser humano se diferencia dos seres que o cercam. Aristóteles e os "liceanos" exploram com atenção e júbilo tudo aquilo que existe, desde os astros até o menor verme. Estamos com eles nas origens da ciência e da enciclopédia, mas a finalidade desta ciência não é, para eles, análise e compreensão, busca por eficácia e exercício de poder, mas, pelo contrário, contemplação do Ser que faz ser tudo aquilo que é. A ciência é, antes de tudo, a arte de compreender o encadeamento das causas e dos efeitos, descobrir a causa primeira e a causa final de todas as coisas, a causa das causas que Aristóteles chama de Deus. Àqueles que diziam que a ciência se apega ao estudo das realidades desprezíveis, Aristóteles respondia:

> Para falar a verdade, alguns seres não oferecem um aspecto agradável; no entanto, a natureza que os fabricou com arte oferece prazeres inexpressáveis àqueles que, ao contemplar, puderem conhecer as causas e que são filósofos de raça. Além disso, seria despropositado e absurdo encontrarmos prazer na

---

[20] Expressão latina tirada de um poema de Horácio (65 a.C.-8 a.C.) que significa "aproveite o dia" [N.T.].

contemplação das imagens desses seres, pois, quando contemplamos, compreendemos simultaneamente a arte pelo exemplo do escultor e do pintor que as fabricou, mas ao examiná-las em si mesmas fabricadas pela Natureza, nós não experimentamos uma alegria ainda maior advinda desta contemplação, a menos que possamos compreender as causas. Não podemos, portanto, nos deixar levar a uma repugnância pueril pelo estudo dos animais menos nobres. Pois, em todas as obras da Natureza, existe algo maravilhoso. É preciso guardar o propósito que, dizem, tinha Heráclito ao dirigir-se aos visitantes estrangeiros que, no momento de entrar, pararam ao vê-lo aquecer-se diante do seu forno; ele os convidou, de fato, a entrar sem medo dizendo-lhes que também existem deuses na cozinha. Da mesma maneira, devemos abordar sem nojo o exame de cada animal com a convicção de que cada um realiza sua parte de natureza e beleza[21].

Pierre Hadot[22] faz um belo comentário deste texto:

> Entrevemos neste texto as tendências profundas que animam a vida segundo o espírito, o modo de vida teorético. Se sentimos alegria por conhecermos tão bem os astros como os seres da natureza sublunar é porque nós ali encontramos, direta ou indiretamente, uma marca da realidade que nos atrai de maneira irresistível, o princípio primeiro, que move todas as coisas, diz Aristóteles[23], assim como o objeto do seu amor move o amante. É por esta razão que os astros e as esferas celestes, que são eles próprios princípios de atração, nos dão tanto prazer quando os observamos, assim como a visão fugidia e imprecisa da pessoa amada[24].

---

21 ARISTÓTELES. *Partes dos animais*, 644 b 31.

22 Pierre Hadot (1922-2010), filósofo, historiador e filólogo francês, especialista da Antiguidade, profundo conhecedor do período helênico e do neoplatonismo de Platão [N.T.].

23 *Metafísica*, XII, 1072 b 4.

24 HADOT, P. *Qu'est-ce que la philosophie antique?* [O que é a filosofia antiga?]. Paris: Gallimard, 1995.

As palavras de Heráclito, "os deuses também estão na cozinha", nos lembram que o fogo divino não está apenas sobre o altar consagrado a Héstia[25], mas também na frigideira onde cozinham os alimentos necessários ao quotidiano. Não há grandes ou pequenas coisas onde a presença do Ser não possa ser honrada e contemplada e é nesta contemplação ou vida contemplativa que se realiza o destino do ser humano. A sua felicidade encontra-se, de fato, na "vida segundo o espírito"[26]. O *noûs* ou intelecto é aquilo que existe de mais essencial no ser humano e, ao mesmo tempo, este *noûs* nos abre a uma realidade maior do que o ser humano; é aquilo que transcende o homem que constitui sua verdadeira identidade, como se a essência do homem consistisse em estar "aberto" a algo maior do que ele. O espírito (*noûs*) é o nosso eu, pois ele representa aquele que decide e aquele que é o melhor[27]. Trata-se, então, de vivermos na luz do espírito, todo o tempo e em todo lugar; esta vida na luz do espírito não procura nenhum outro resultado além dela mesma, ela é amada por si mesma, ela é o seu próprio fim e sua própria recompensa – a felicidade do sábio é participação à beatitude do Ser que ele contempla na luz do seu espírito: "O homem não vive mais na qualidade de homem, mas na qualidade de possuir algo de divino"[28].

Na época de Aristóteles, o Liceu era uma escola de maravilhamento e adoração cujo ponto de partida era a observação atenta daquilo que é. Ciência e espiritualidade não estão em oposição, já que é o mesmo espírito (*noûs*) que ali se exerce. Segundo Aristóteles, quanto mais erudito for alguém, mais ele se tornará filósofo; quanto mais buscarmos conhecer as causas daquilo que existe, mais seremos filósofos; quanto melhor discernirmos que a Causa das causas nos escapa, mais nos tornaremos silenciosos e contemplativos e

---

25 Na mitologia grega, Héstia é a divindade do fogo sagrado e do lar [N.T.].
26 ARISTÓTELES. *Ética a Nicômaco*, X, 1.177.
27 Ibid., X, 1.178 a 2.
28 Ibid., X, 1.177 b 27.

tanto mais seremos felizes. Ao prazer bruto de existir de Epicuro, acrescenta-se a consciência do Ser que nos faz existir – pressentimento de um mundo percebido como epifania do Real que permanece oculto em sua própria manifestação.

A Academia

Para Platão e os acadêmicos não basta, após termos nos libertado de todos os supérfluos, desfrutar do necessário e assim aceder a uma bem-aventurada ausência de sofrimento como entre os epicuristas; tampouco basta conhecer ou tomar consciência do Ser que faz ser todos os seres. Para realmente desfrutar do Ser, é preciso amá-lo: "O supremo inteligível é também o supremo desejável"[29], dirá Aristóteles como bom discípulo de Platão. O próprio Platão é discípulo de Sócrates, grande figura de Eros e arquétipo do filósofo como nos relata o famoso texto de O banquete[30]. Conhecemos o mito que Diotima propõe a Sócrates:

> No dia do nascimento de Afrodite, houve um banquete entre os deuses. Ao final da refeição, Penia, ou seja, a "Pobreza", "Privação", aproximou-se para mendigar. Poros, ou seja, "Recursos", "Riqueza", "Expediente", estava adormecido, embriagado pelo néctar, no jardim de Zeus. Penia aproximou-se dele com o intuito de remediar sua própria pobreza tendo um filho com ele. Foi desta maneira que ela concebeu o Amor (Eros). Segundo Diotima, a natureza e o caráter do Amor se explicam por esta origem. Nascido no mesmo dia de Afrodite, ele é apaixonado pela Beleza. Filho de Penia, ele é sempre pobre, indigente, mendicante. Filho de Poros, ele é inventivo e esperto[31].

A descrição de Diotima aplica-se ao mesmo tempo a Eros, a Sócrates e ao filósofo. Eros é filósofo porque está a meio caminho

---

29 *Metafísica*, XII, 1.072 a 26s.

30 *O banquete*, texto filosófico de Platão escrito por volta de 380 a.C., onde é relatado os diálogos de Sócrates com cidadãos gregos, exprimindo suas ideias filosóficas [N.T.].

31 *O banquete*, 203 a e seg.

da *sophia* e da ignorância. Existem duas categorias de seres que não filosofam: os sábios e os insensatos; os sábios porque são sábios e os insensatos porque acreditam ser sábios. Sócrates pergunta, então:

> Nessas condições, quem são, Diotima, aqueles que filosofam, já que não são nem sábios nem insensatos?

Diotima responde:

> São aqueles que se encontram no meio, a meio-caminho de ambos e o Amor é um deles. Pois a sabedoria é, sem dúvida, uma das coisas mais belas. Ora, o Amor é amor pelo belo. É, portanto, necessário que o Amor seja "filo-sofo" (apaixonado pela sabedoria) e, enquanto filósofo, intermediário entre o sábio e o insensato. A causa para isto é o seu nascimento: seu pai é sábio (*sophos*) e inventivo; sua mãe, insensata e na aporia[32].

Aqui reconhecemos ainda, sob os traços de Eros, não apenas o filósofo, mas Sócrates que, aparentemente, nada sabia, como os insensatos, mas que, ao mesmo tempo, tinha consciência de que nada sabia: ele era, portanto, diferente dos insensatos, pelo fato de que, consciente do seu não saber, ele desejava saber, mesmo que, como vimos, sua representação do saber fosse profundamente diferente da representação tradicional. Sócrates ou o filósofo é, portanto, Eros: privado de sabedoria, de beleza, do bem, ele deseja e ama a sabedoria, a beleza, o bem. Ele é Eros, o que significa que ele é Desejo, não um desejo passivo e nostálgico, mas um desejo impetuoso, digno deste "perigoso caçador" que é Eros.

Assim, a Academia ou a escola de Platão poderiam ser chamadas uma "escola de erotismo", se por erotismo entendermos este desejo e este amor pelos belos corpos (as belas matérias) que nos conduz ao amor das belas almas e das belas ações (das belas "informações" que "animam" esses corpos), para enfim nos elevarmos à ideia do Belo voltado para a Fonte de toda beleza. A perversão de Eros ou sua miséria (filho de Penia) serão parar no meio do caminho,

---

[32] Ibid.

apegar-se aos corpos ou às formas perecíveis e, assim, privar-se da contemplação da Fonte de toda beleza, de toda verdade e de todo bem. A ascensão desta escada do desejo não se realiza sem perigo e, quanto mais subimos, tanto mais nos arriscamos a nos machucar caindo. Mas não é este o papel de uma comunidade de amigos que buscam unidos, que amam juntos a Sophia: apoiar-se mutuamente, erguer-se e ajudar uns aos outros a curar todas as suas "quedas"?

Para Platão, seguindo o exemplo de Sócrates, o grande método ou o melhor medicamento neste caminho de elevação, rumo ao mais nobre e ao mais belo de si mesmo, é o diálogo. Quaisquer que sejam os temas abordados, o importante é colocar-se em busca e questionar-se; essa é a função da ironia socrática: Sócrates é um filósofo; contrariamente ao sábio ou ao suposto sábio, ele não sabe, ele busca saber e, através dos seus questionamentos, ele descobre a ignorância e a pretensão daqueles que creem saber.

"Conhece-te a ti mesmo" é conhecer o desconhecido que tu és. O diálogo socrático, tal como foi relatado por Platão, conduz à aporia, à perplexidade: "Eu sei que nada sei", este é todo o meu saber. Não são palavras de um preguiçoso que zomba do saber, de todas as pesquisas e estudos, mas palavras daquele que foi até o âmago da sua busca, do seu estudo e do seu saber. Não se trata da ignorância imbecil, mas da "douta ignorância". Não basta ser idiota para ser Sócrates, assim como não basta ser erudito, trata-se de sabermos o pouco que sabemos e o infinito que não sabemos e permanecer no desejo constantemente vivo desta realidade sempre transcendente que é o objeto da "filo-sofia". "*Hagia Sophia*", a Santa Sabedoria.

Não devemos nos esquecer que na Academia, uma vez afirmada a orientação profunda dos estudos (sua qualidade erótica), não nos privamos do estudo das matemáticas, da geometria, da astrologia, mas sobretudo, da ética que deve fazer do estudante um bom cidadão ou um bom príncipe se ele mostrar-se, primeiro, "príncipe e senhor de si mesmo", ou seja, mestre das suas pulsões, emoções, sentimentos, mas principalmente dos seus pensamentos, que devem ser incessantemente oferecidos a uma luz mais elevada.

Diversos são os exercícios propostos aos filósofos aspirantes. Nas últimas páginas do Timeu[33], Platão nos convida a exercitar a parte superior da alma que não é outra senão nosso intelecto (*noûs*), de tal maneira que ela se coloque em harmonia com o universo e assimile-se à divindade. Trata-se também de preparar-se para o sono acalmando o mental, desta maneira propiciando os "sonhos salutares" (tema que reencontramos em Platão). Trata-se igualmente de conservar sua calma no momento de infortúnio, sem revoltar-se[34], relembrando as palavras de sabedoria capazes de mudar nossas disposições internas. Quem sabe o que é bom, o que é ruim? De nada adianta nos indignarmos, isso nada muda, devemos observar os acontecimentos tais quais eles são e agir em conformidade.

A prática mais conhecida é a rememoração da morte, particularmente bem "encenada" no Fédon de onde é tirada a máxima frequentemente citada: "Filosofar é aprender a morrer"[35]. Alguns aí enxergaram uma prática mórbida, um efeito da "pulsão de morte" que envenenou a vitalidade de diversos filósofos e a saúde de seus discípulos ou estudantes, quando na verdade, trata-se de um exercício de relaxamento e "entrega" que existe em todas as tradições espirituais. Deixar nossas tensões, nossas crispações, nossas identificações àquilo que não somos, deixar "a vida que temos" para descobrirmos "a vida que somos", deixar morrer aquilo que é mortal, despertar àquilo que não morre.

Isso não significa desprezo pela vida que tivemos ou por aquilo que é mortal, significa colocar cada coisa em seu lugar, reconhecer em nós a vida que termina e a Grande Vida que não termina, aquela que já estava aqui antes do nosso nascimento. Como ela poderia não estar ainda aqui após nossa morte? Toda questão é saber se nós

---

33 *Timeu*, 89 d 90 a.
34 *República*, 604 b c.
35 *Fédon*, 64 a.

nos identificamos à Vida ou à forma que a Vida tomou em nossa existência. Filosofar é sempre discernir – Quem sou eu? O que é a Vida? O que é morrer, senão perder nossos limites e as ilusões que fazemos sobre nós mesmos? Para o filósofo, trata-se de "morrer antes de morrer", ou seja, despertar à verdade da sua vida. Alguns viverão isso apenas no momento da sua morte; eles aguardarão, então, aquilo que o sábio já tinha mencionado:

> Meus amigos, não consigo convencer Critão que eu sou eu, este Sócrates que conversa com vocês neste mesmo instante... ele acredita que eu sou este outro que ele verá daqui a pouco, este cadáver[36].

Toda a filosofia de Platão visa nos manter no amor dos seres vivos ao invés dos "cadáveres" (ou seja, o corpo quando este não está mais informado, animado, quando ele está "sem alma"). Por que lhe censuraram o contrário? Morrer é entrar no repouso e na tranquilidade do Ser, cada hora de meditação e de contemplação nos abre a esta realidade profunda que cada homem carrega dentro de si e que se revela em plenitude no final do seu derradeiro expirar. Os Terapeutas de Alexandria se lembrarão disso como sendo o sentido íntimo do *Shabbat*: o dia onde repousamos de todas as obras e onde nos voltamos para a Fonte de toda paz, toda verdade, toda beleza e todo bem.

A Stoa ou o Pórtico

Para os estoicos, não basta levar uma vida simples, evitar todo sofrimento e desfrutar de cada instante, tampouco levar uma vida de estudo e contemplação, observando o encadeamento das causas e efeitos até chegar à causa primeira e ali se estabelecer em toda serenidade.

Também não basta desejar e amar este princípio primeiro como Fonte de toda beleza e de todo bem, nem de conhecer a si mesmo como desconhecido e assim permanecer no "estupor de ser". Ainda é preciso levar uma vida justa, adaptada às realidades nas quais

---

36 Fédon, 115.

vivemos, que não são nem ideais, nem simples, nem fáceis. Como viver em harmonia com "aquilo que é", "tal qual isto é", e discernir "naquilo que é" a própria vontade do *Logos* que faz ser as coisas e os acontecimentos tais quais eles são? Unir minha vontade e meu desejo à vontade e ao desejo do Ser que se expressa no universo, unir minha razão e minha inteligência à Razão e à Inteligência (*Logos*) que se expressa no universo; esta é a condição para uma vida coerente e pacífica. Os estoicos dirão que, acima de tudo, não devemos nos preocupar com aquilo que não depende de nós, mas apenas com aquilo que depende de nós.

> A experiência estoica consiste em uma tomada de consciência aguda da situação trágica do homem condicionado pelo destino. Aparentemente nós não estamos livres de nada, pois não depende de nós sermos belos, fortes, em boa saúde, ricos, provar o prazer ou escapar ao sofrimento. Tudo isso depende de causas externas. Uma necessidade intolerável, indiferente ao nosso interesse individual, brisa aspirações e esperanças; somos livres, sem defesa contra os acidentes da vida, aos reveses da fortuna, à doença, à morte. Tudo na nossa vida nos escapa. Daí resulta o fato dos homens estarem no infortúnio, pois eles buscam com paixão adquirir os bens que não podem obter e fugir dos males que são, no entanto, inevitáveis. Mas há uma coisa, uma única coisa, que depende de nós e que nada pode nos tirar, é a vontade de fazer o bem, a vontade de agir em conformidade com a razão; haverá, então, uma oposição radical entre aquilo que depende de nós, o que pode ser bom ou ruim, pois é objeto da nossa decisão, e aquilo que não depende de nós, mas de causas externas, do destino e que é, portanto, indiferente. A vontade de fazer o bem é a cidadela interna inexpugnável que cada um pode edificar em si mesmo. É ali que se encontrará a liberdade, a independência, a invulnerabilidade e, valor eminentemente estoico, a coerência com si mesmo[37].

---

37 HADOT, P. *Qu'est-ce que la philosophie antique?* [O que é a filosofia antiga?]. Op. cit., p. 198-199.

"Para o homem de bem não há mal possível", já dizia Sócrates. Ele permanece no coração das adversidades, fiel à sua orientação voltada para a luz, fiel à sua intenção de viver segundo o bem, ou seja, em acordo com a razão. Esta coerência consigo mesmo, quaisquer que sejam as circunstâncias, é fonte de toda liberdade e de toda felicidade verdadeira.

A liberdade do estoico pode parecer paradoxal, pois ela é submissão ao *Logos* que ordena todas as coisas, submissão ao destino, contra o qual nada podemos fazer apesar das nossas veleidades e reivindicações de autonomia. "Os destinos guiam aquele que os aceita, eles arrastam aquele que lhes resiste", dirá Sêneca.

No cosmos, tudo está necessariamente encadeado e nós estamos encadeados a esta lei da causalidade (aquilo que chamamos, sob outros céus, de *karma*). "Não há movimento sem causa: se assim é, tudo acontece devido às causas que lhes dão impulso: se assim é, tudo acontece pela mão do destino"[38].

A liberdade é dizer "sim" a tudo aquilo que acontece, "sim" à vida tal qual ela é e não tal qual gostaríamos que ela fosse; o *amor fati*[39] parece ser a sabedoria do estoico, mas não se trata de uma simples passividade, trata-se de escolher "aquilo que é" e não de suportar "aquilo que é". Esta capacidade de adequação do espírito "àquilo que é", dá testemunho da transcendência do espírito. A matéria em si não desfruta nem sofre, é a consciência no coração desta matéria que "experimenta" a felicidade e o infortúnio e é esta consciência que devemos observar e transformar. Nós não podemos modificar os acontecimentos, nós podemos modificar a consciência, o estado de espírito no qual vivemos esses acontecimentos. A evolução de nossos sintomas e das nossas doenças depende do estado de espírito no qual nós os acolhemos ou rejeitamos. Essas observações nos preparam para viver segundo a grande máxima de Epiteto: "Não são as coisas (na sua materialidade) que nos perturbam, mas os

---

38 *Stoicorum Veterum Fragmenta* II, 952.
39 *Amor fati*: expressão latina que significa "amor ao destino" [N.T.].

julgamentos que projetamos sobre as coisas, ou seja, o sentido que nós lhes damos"[40].

Mudar de mundo é mudar de olhar. O que depende de nós é a interpretação que fazemos dos acontecimentos. A liberdade do homem é a liberdade de interpretar, "somos condenados a ser livres", ou seja, nós somos "condenados a interpretar". O mundo não tem outro sentido além do sentido que nós lhe damos... Mas será que o sentido que nós lhe damos está de acordo com o sentido que se encontra nele, nossa inteligência está de acordo, é coerente com a inteligência que está no universo? A interpretação estoica não é arbitrária, mas, pelo contrário, é uma interpretação respeitosa e atenta "àquilo que é" como sendo a expressão da vontade divina à qual minha vontade procura se acordar. Da mesma maneira, "não procure que aquilo que lhe acontece, aconteça como você quer, mas vele para que aquilo que acontece, aconteça como acontecer e serás feliz"[41]. Isso conduz o sábio a um estado de equanimidade diante dos acontecimentos, "aquilo que é, é; aquilo que não é, não é", dirá Yeshua[42] no Evangelho. As coisas são aquilo que elas são, nem boas nem ruins, nem perfeitas nem imperfeitas, é o meu julgamento que as qualifica desta maneira. Devemos permanecer nesta atenção ou vigilância pura, aquilo que os Terapeutas do Deserto chamarão mais tarde de *nepsis* ou "guarda do coração"; velar igualmente pela intenção, pois sempre devemos querer o melhor, para si, para os outros e para o universo.

A vigilância do estoico é, desta maneira, o contrário da indiferença. "Nem atração, nem repulsa, nem indiferença", este é o estado de espírito no qual convém vivermos, em harmonia com a bondade original que busca o bem de todas as coisas.

> Nenhuma escola tem mais bondade e doçura, nenhuma tem mais amor pelos homens, mais atenção ao bem comum; o pro-

---

40 EPITETO. *Manual*, 5.
41 Ibid.
42 "Yeshua": forma hebraica do nome "Jesus" [N.T.].

pósito ao qual ela nos destina é sermos úteis, ajudar os outros e cuidar, não apenas de si mesmo, mas de todos em geral e de cada um em particular[43].

O estoico, assim como o sábio taoista, zela para deixar agir em si a vida do Todo, com suas alternâncias, suas alegrias, seus pesares; aceitar aquilo que é assim, é aceitar que tudo muda incessantemente, que tudo é impermanente. Deixar ser o Todo, não interferir com o movimento da vida que se dá através de nós, deixar correr o rio, escoar-se no rio, deixá-lo nos levar para lá onde ele nos leva, para lá de onde ele vem, para lá onde ele vai, há uma outra saída?

Deixar ser o Todo, fazer apenas um com ele – isso basta.

---

43 SÊNECA. *Sobre a clemência*, II 3, 3.

III

A ESCOLA DE SABEDORIA DOS TERAPEUTAS DE ALEXANDRIA

As escolas de sabedoria da Antiguidade são diferentes, as antropologias, cosmologias ou teologias são variáveis, os métodos distintos, mas todas buscam a "vida bem-aventurada". Uma imagem vale por mil palavras; talvez possamos simbolizar as quatro grandes escolas filosóficas de Atenas através de um quadrado onde cada canto está orientado para um centro. Poderíamos resumir desta maneira, simplificando em três pontos, de maneira ultrajante, seu "método" (de *odos*: caminho) para chegarmos à vida bem-aventurada:

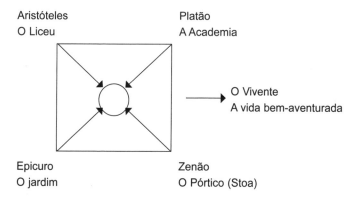

• Aristóteles – o Liceu: 1) Prazer de observar e conhecer; 2) Observar o encadeamento das causas e efeitos; 3) Contemplar a causa primeira; esta é a vida bem-aventurada.

• Platão – a Academia: 1) Amar os belos corpos; 2) Amar as belas almas; 3) Amar a Beleza além de toda beleza, esta é a vida bem-aventurada.

- Epicuro – o jardim: 1) Discernir o natural necessário do natural não necessário e daquilo que não é nem natural nem necessário; 2) Escolher: o natural e o necessário, libertar-se do não natural e do não necessário; 3) "Sobriedade": simplesmente prazer de existir; esta é a vida bem-aventurada.

- Zenão – o Pórtico: 1) Discernir aquilo que depende de nós daquilo que depende das causas externas; 2) Não se preocupar com aquilo que não depende de nós, estar à escuta da natureza e daquilo que o Vivente deseja em nós (o *Logos*); 3) Ser coerente consigo mesmo e indiferente ao destino, esta é a vida bem-aventurada.

Para Fílon e os Terapeutas de Alexandria, aquilo que devemos colocar no centro, aquilo que orienta todas os métodos, é não apenas "a vida bem-aventurada", "a boa vida" ou a "bela vida" dos filósofos, mas a "Vida revelada" a Moisés: *Ehyeh Asher Ehyeh*[44]. É a própria Vida de YHWH, o Ser que é aquilo que Ele é, a pura presença do Eu Sou / Eu Serei".

É em torno deste centro que se organizam seu modo de vida, suas relações, seus estudos e suas celebrações; eles não estão apenas voltados para o Ser, o Ser está voltado para eles e eles devem cuidar dele em suas diferentes manifestações.

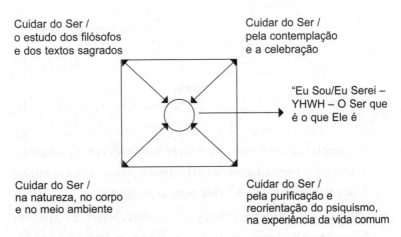

---

44 *Ehyeh Asher Ehyeh*: "Eu Sou o que Sou", palavras de Deus a Moisés quando este lhe perguntou seu nome [N.T.].

Essas quatro maneiras foram desenvolvidas no livro *Cuidar do Ser*[45]; não há necessidade de voltarmos ao tema aqui, apenas insistir sobre o fato de que devemos cuidar, primeiro, do Ser e não do corpo, da alma ou do espírito que constituem o ser humano. A cura é dada por acréscimo, ela é um dom do Ser reencontrado, experimentado como fonte de toda vida, de toda consciência, de todo amor e de toda liberdade, ela é obediência à lei revelada por Moisés. Decálogo que poderíamos resumir em um tetrálogo que estrutura a vida dos terapeutas – é pela escuta desta Palavra que vem do Silêncio, das profundezas do Eu Sou/Eu Serei, que é um convite a participar do seu Ser: "Seja!", que o terapeuta "herda" esta grande saúde (soteria) e a transmite àqueles que ele acompanha:

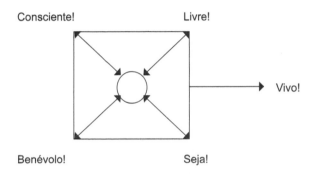

É através da escuta desta injunção, impulso, inspiração criadora que vem do mais profundo do seu ser, que o homem tira forças para viver, coragem para existir, mas também permanecer atento (consciente) e livre (não se deixando enclausurar por nenhuma representação, nem de si mesmo, nem do Absoluto), capaz de bondade e Benevolência, para não dizer de Amor, para com todos os seres.

Era necessário mencionarmos isso para não esquecermos que os terapeutas foram judeus fiéis à Torá e à sua tradição, mesmo influenciados pelas grandes escolas da sabedoria grega. Eles são as

---

45 LELOUP, J.-Y. Petrópolis: Vozes, 2011.

primeiras testemunhas deste diálogo infinito entre Atenas e Jerusalém, eles não buscam resolver "o conflito das hermenêuticas", eles tentam vivenciá-lo. Fílon, muito antes de alguns pensadores judeus contemporâneos, tenta pensar em grego a revelação hebraica; como sabemos, "traduzir" é "trair", mas ninguém pode ser considerado culpado por querer existir "com" o outro. A consciência da impossibilidade de traduzir nos preserva, sem dúvida, da mais alta traição, a de reduzir o outro a si mesmo.

Desta maneira, os terapeutas "pegam emprestado" das grandes escolas de sabedoria da Antiguidade sem fingirem ser "sábios" à sua maneira. Epicuro, Aristóteles, Platão, Zenão não fizeram com que eles esquecessem que são, antes de tudo, discípulos de Moisés e Salomão.

Os terapeutas e o jardim

Como Epicuro, os Terapeutas de Alexandria gostam da vida simples, livre de todas preocupações; assim como eles cultivam seu jardim, cuidam do seu meio ambiente e tiram da terra aquilo que é necessário à sua subsistência, mas também o necessário para a confecção dos seus remédios (plantas). Eles, sem dúvida, velavam sobre a qualidade dos seus alimentos, mas principalmente sobre a maneira de assimilar esses alimentos: "consumir ou comungar" será sua grande questão e desta escolha depende o futuro do mundo.

Para eles, o paraíso (o *pardes* – o jardim) simboliza um estado de comunhão, de comunhão com o Ser através de todos os seres; a queda é a perda deste estado de comunhão, é a entrada no estado de consumação e de "consumo" que este implica. Comungar exige, além do prazer, o respeito por todos os corpos com os quais entramos em contato: corpo humano ou corpo cósmico – eles não são apenas "objetos", eles são também "presenças". O objeto nutre o objeto em nós, a matéria; a presença nutre em nós a presença, a consciência.

"Consumir ou comungar" nos lembra que temos a escolha entre o Éden e a Geena, o paraíso ou o inferno, o jardim ou o vazadouro. Cuidar do Ser, comungar a sua presença em nós e em todos, é dar-se conta que a terra não é chamada a tornar-se um campo de ruínas ou um reservatório de imundícies, mas um maravilhoso jardim cujo jardineiro é o ser humano. João de Éfeso e de Patmos[46], sábio que sobreviveu ao Apocalipse, não representaria a manhã da Ressurreição em um jardim? Maria Madalena, imagem da Sophia, não viu o *Logos* ressuscitado sob a forma do "jardineiro"?

Os terapeutas e o Liceu

Os terapeutas compartilham com Aristóteles e o Liceu o gosto pelo estudo, a observação da natureza e de uma certa ciência, mas também o estudo dos textos sagrados e dos sonhos. Os textos bíblicos e os sonhos exigem um outro tipo de conhecimento do que aquele preconizado por Aristóteles, observando os encadeamentos das causas e efeitos. Esta forma de conhecimento está perfeitamente adaptada ao mundo visível, mensurável, racional; é o mundo da ciência, do conhecimento analítico, dedutivo, racional.

Com a Bíblia e os sonhos, nós não estamos mais no mundo visível, observável, racional. Aquilo que pode ser objeto de ciência na Bíblia são certas estruturas de linguagem, sua forma e não seu conteúdo. O mesmo é válido para os sonhos: aquilo que trazemos à consciência não diz tudo sobre o saber do inconsciente. O modo de conhecimento desenvolvido pelos terapeutas é o da interpretação; o terapeuta é um hermeneuta, ele interpreta, ele não explica os acontecimentos, os sintomas, assim como ele não pretende explicar ou compreender o texto sagrado ou o sonho, pois isso seria reduzi-los a "objetos" de ciência. Ele escuta, e a qualidade desta escuta e desta atenção permite que se desvele, na sua pluralidade de sentidos, aquilo que é percebido, falado ou sonhado.

A proibição da representação ou da idolatria na Torá ("Não farás imagem do teu Deus") é a proibição de concluir, de fechar o outro

---

46 O Apóstolo João, autor do Livro do Apocalipse, escrito na ilha grega de Patmos [N.T.].

(o texto, o sonho, o sintoma, a pessoa, o deus...) na representação que fazemos dele – é permanecer no Aberto. Esta abertura permite que os sentidos desobstruam um caminho que vá em nossa direção e elaborem-se em forma de cura ou de uma saúde maior.

O terapeuta, pela sua escuta bem diferenciada, permite ao paciente interpretar seu sintoma, "aquilo que lhe acontece", de uma maneira diferente – é deste "deslocamento" que pode nascer a cura: "meu câncer, afinal de contas, não passava 'disso', e eu não sou apenas 'isso'". Assim, o estudo, entre os terapeutas é estudo científico, mas também estudo hermenêutico, arte da interpretação, exploração do mundo da natureza, mas também do mundo imaginal, intermediário entre o mundo dos sentidos e o mundo do espírito, maior ênfase ao mundo das imagens do que ao mundo das sensações e conceitos. A Bíblia não é um livro científico, ela não descreve a realidade, mas procura dar-lhe sentido. Ela é uma interpretação do Real e estimula a capacidade de interpretar (e, portanto, de liberdade) que está em cada ser humano.

A função do estudo não é apenas "aprender o novo", é desenvolver nossa capacidade de atenção e interpretação. Não é trazer informações, mas saber discernir o que pode haver de útil, necessário e salvador em algumas dessas informações e nos libertar de todas as informações inúteis ou perversas que nos tornam pesados e nos destroem.

Alguns rabinos imaginaram o paraíso como um quarto de estudos, pois é lá que "comungamos" com o Sentido. Os Terapeutas de Alexandria não colocam o quarto de estudos em oposição ao jardim. O jardim dos sentidos é uma porta aberta ao jardim do Sentido; tanto em um como no outro podemos respirar o perfume do Ser.

Os terapeutas e a Academia

Alguns exegetas de Fílon pensaram que ele era um discípulo de Platão e não de Moisés. Apesar de ser verdade que existe nele uma dimensão contemplativa e até mesmo mística, que o impele a deixar o mais rápido possível o mundo sensível e as sombras da caverna para voltar-se para a Fonte dos inteligíveis e de toda beleza, a dimensão erótica da sua busca é equilibrada pela sua recepção do "dom de Deus" através da Criação e da Torá. Seu caminho não é apenas um caminho de elevação, mas também de acolhida e reconhecimento.

> Nós, sobre quem Deus despeja a chuva dos seus dons, bebemos da fonte e lá deixamos as estreitas fontes terrestres. O céu derrama sobre nós um alimento melhor do que o néctar e a ambrosia dos mitos. E por que, por falta de fé, buscar os socorros humanos, quando o Salvador nos abriu o tesouro celeste para nosso uso e deleite...[47]

Fílon e os terapeutas cantam os salmos e, através deles, celebram as belezas do universo sensível nas quais transparece a glória do Ser e da Inteligência criadora. Os salmos expressam todos os sentimentos do ser humano, do êxtase ao desespero, da lamentação diante da injustiça à certeza da vitória do Bem. Os próprios salmos são uma terapia. Eles dão a cada um o direito de expressar diante de Deus o que ele tem por vezes de inconfessável: o ódio, a cólera, a tristeza, a nostalgia; não se trata de nos apresentarmos a Deus sob a forma ideal, mas tal qual somos. Se não somos amados "tal qual somos", somos apenas amados? Os terapeutas se reconhecem imperfeitos e perfectíveis. O reconhecimento, através dos salmos, daquilo que eles podem ter de pior, permite-lhes, justamente, escutar o pior. Os salmos lhes dão "as palavras para dizê-lo", a fim de se tornarem não objeto do seu inconsciente, mas sujeito do seu inconsciente. Cantar sua aflição, proclamar sua angústia, permite manter seus males a distância e descobrir-se maior do que eles.

Para Fílon de Alexandria e os terapeutas, a contemplação é o aprofundamento do sentido do *Shabbat* que não é apenas "uma pausa" no fazer, no agir e no produzir, mas também uma "pausa" no pensar e no falar para entrar em uma pura consciência de estar aqui

---

47 Cf. DANIÉLOU, J. *Philon d'Alexandrie*. Librairie Arthème Fayard, 1958, p. 195.

presente, "um com" o Ser que está aqui presente e que faz ser tudo aquilo que existe. O estudo, a dança, a ascese, o canto dos salmos, o exercício da palavra e sua interpretação não têm nenhum outro objetivo além do de nos introduzir ao silêncio de YHWH, o Ser que é o que Ele é, "Eu Sou / Eu Serei" e compreender que Ele é incompreensível:

> Moisés deseja insaciavelmente ver Deus e ser visto por Ele, de modo que lhe pede para que Ele mostre claramente sua realidade difícil de compreender, para assim trocar suas incertezas por uma fé firme. E, em seu fervor, ele não se desleixa de sua busca, sempre sabendo que ama uma coisa difícil de atingir, ou melhor, inacessível, no entanto, ele se esforça. Ele penetra, então, nas trevas onde Deus se encontra, ou seja, nas noções ocultas e sem forma sobre o Ser. De fato, a causa não está nem no tempo nem no lugar, mas transcende o tempo e o lugar... É desta forma que a alma que é amiga de Deus, ao buscar o que é o Ser em sua essência, chega a uma busca invisível e sem forma. E é dali que lhe vem o maior dos bens, a saber, compreender que o Ser de Deus é incompreensível a todas as criaturas e de ver nesta própria afirmação que Ele é invisível[48].

Encontraremos ecos deste texto em Gregório de Nissa (*Vida de Moisés*) e em Dionísio o Teólogo (*A teologia mística*). De uma certa maneira, muito antes de Plotino e Proclo, Fílon é o pai da teologia apofática[49]; nunca antes de Fílon fora afirmada com tanto rigor e força a transcendência do Ser incriado.

Para Platão, a oposição é entre o mundo sensível e o mundo inteligível que é divino por natureza – e se o conhecimento de Deus é difícil, ele não é impossível. Para Aristóteles, a simplicidade divina não exclui o fato de o divino ser um gênero suscetível a ser

---

48 Ibid., p. 147-148.
49 A esse respeito, jamais foi observado que as cartas de Dionísio o Teólogo dirigiam-se a Terapeutas, e não a "monges", como é normalmente traduzido. Cf. LELOUP, J.-Y. *A teologia mística de Dionísio o Areopagita* – Um obscuro e luminoso silêncio. Op. cit.

definido claramente. Para os estoicos, o mundo inteiro é divino e o homem encontra em si mesmo o conhecimento de Deus. Podemos, então, dizer a respeito deste primeiro e essencial aspecto, que Fílon reforma a filosofia para dobrá-la às exigências da revelação. A transcendência divina é, antes de tudo, a distinção radical entre Deus e a criação. Essa é a mensagem de Moisés:

> Muito importante é a declaração de Moisés. Ele tem coragem de dizer que é apenas Deus quem devo reverenciar e nada daquilo que vem após Ele, nem a terra, nem o mar, nem os rios, nem a realidade do ar, nem as variações dos ventos e das estações, nem as espécies das plantas e dos animais, nem o sol, nem a lua, nem a multidão dos astros que circulam em filas harmoniosas, nem o céu, nem o mundo inteiro. A glória de uma alma grande e que sai do comum é emergir do vir a ser, transcender seus limites, para apegar-se ao único incriado segundo as prescrições santas onde nos é imposto que nos apeguemos a Ele e quando nos apegamos a Deus e que o servimos sem relaxamento, o próprio Deus se dá em partilha. Para permitir isto, eu me baseio na palavra que diz: O Senhor é a sua herança (Dt 10,9)[50].

Se o Ser incriado em sua essência permanece inacessível, no dom que ele concede de si mesmo, ele se torna acessível, e é isso que o texto nos deixa entreouvir – não é este um esboço da teologia de Gregório Palamas e da tradição hesicasta?[51] Deus é transcendente pela sua essência, Ele é imanente pelas suas energias – o coração do sol é incognoscível, nós só conhecemos seus raios, mas cada raio é o sol; a distinção Essência-Energia não destrói a unidade de Deus. Ele é o Deus Único "além de tudo" pela sua essência, "dentro de tudo" pela sua energia.

---

50 DANIÉLOU, J. *Philon d'Alexandrie*. Op. cit., p. 144.
51 Palavra originária do grego, que significa "paz, quietude, silêncio". Prática bastante conhecida na Igreja Ortodoxa [N.T.].

> Não é pelas orelhas ou sequer pelos próprios olhos do espírito que podemos compreender o Ser verdadeiro; só é possível compreendê-lo a partir da sua ação no mundo... De fato, Ele não diz: Vejam-me – pois é absolutamente impossível à criatura compreender o Ser de Deus – mas: Vejam que Eu Sou, ou seja: Vejam minha existência. Basta, pois, à inteligência saber que existe uma causa para o universo, mas esforçar-se para ir mais longe e fazer conjecturas sobre sua essência ou sua natureza, é ingenuidade pueril. De fato, nem mesmo ao sábio Moisés isso foi acordado por Deus, apesar de seus múltiplos requerimentos, mas lhe foi declarado que ele apenas veria aquilo que está por trás de Deus, não seu rosto. Isso quer dizer que o rastro de Deus é acessível ao sábio, mas ele próprio permanece em sua solidão incompreensível. Ele não pode ser conhecido face a face e por visão direta – pois então o veríamos como Ele é – mas Ele é conhecido pelos poderes que o sucedem e o acompanham. Esses manifestam não sua essência, mas sua existência a partir das suas obras[52].

A *anamnese* essencial praticada pelos terapeutas no dia do *Shabbat* é esta rememoração da essência no coração da existência, do infinito no coração do finito, do silêncio no coração da palavra, do incriado no coração do criado, não para dissociá-los, mas para celebrar sua unidade indefectível. Experimentar no afloramento de sua espuma a insondável profundeza do oceano: dificilmente imaginamos a qualidade de escuta e atenção necessárias a tal "provação"...

Os terapeutas e a Stoa

A influência estoica é importante para os terapeutas e Fílon. Para eles, assim como para os estoicos, trata-se de viver em harmonia com o *Logos*, e isso não acontece se não houver ascese, trabalho sobre si mesmo e sobre nossas relações uns com os outros e com o

---

52 Ibid., p. 50.

universo. O *Logos*, para Fílon, é o princípio da criação inteira, inteligível e sensível, é o instrumento pelo qual Deus realiza sua criação:

> É o *Logos*, mais antigo do que aquilo que foi criado, do qual Ele se serve, como de um leme, o piloto do universo para conduzir o universo. E quando Ele formava o mundo, Ele o utilizou como instrumento para a realização irrepreensível do seu desígnio.

Da mesma maneira, em uma outra passagem:

> Deus não precisa de nada, pois Ele possui todos os bens, mas Ele dá, servindo-se do seu *Logos* como ministro dessas graças: é através do seu *Logos* que Ele criou o mundo.

Fílon interpreta desta maneira a passagem do Gênesis: "Neste dia, Deus criou o céu e a terra". Neste dia é um dos nomes do *Logos*: "É através do seu *Logos* muito brilhante e muito luminoso que Deus fez essas duas coisas: a ideia do espírito, que Ele chama simbolicamente de céu, e a ideia da sensação, que Ele chama de terra"[53].

Assim como Ele carrega em si os modelos das coisas criadas, o *Logos* as assinala com uma marca – Ele é designado sob este aspecto pelo nome de *sphragis*.

> O mundo foi criado e é criador, é o selo pelo qual cada ser é informado. Do mesmo modo, cada criatura possui desde o início sua forma perfeita, enquanto marca e imagem do *Logos* perfeito.

Ainda mais exato é o *De Somniis*:

> O *Logos* dá à alma sua marca, ensinando que Deus deu uma forma ao ser informe do universo, uma figura àquilo que era sem figura e, tendo terminado o todo, selou o mundo com sua imagem e sua ideia, seu próprio *Logos*[54].

Também encontramos em Fílon o tema estoico da Providência, é Ele (o *Logos*) que anima todas as coisas e conduz os acontecimentos, daí a importância da nossa adesão razoável a tudo aquilo que nos acontece – é fazer apenas um com a vontade de Deus.

---

53 Ibid., p. 156-167.
54 Ibid., p. 158.

É interessante notarmos que o *Logos* é, ao mesmo tempo, aquilo que diferencia as diferentes partes do universo e o que as mantêm unidas. Ele é ao mesmo tempo a espada que corta e o elo que une. Não é essa também a função da palavra entre dois seres: ela nos mantém a distância afirmando nossa diferença (de pensamentos, modos de vida etc.) e ela nos mantém unidos, pois é através dela que nós podemos nos compreender e comunicar aquilo que habita nosso interior e, talvez, "comungar" ou harmonizar sobre alguns dos nossos "acordos".

> Porque a Palavra de Deus (*Logos*) é viva e eficaz, e mais penetrante do que espada alguma de dois gumes, e penetra até a divisão da alma e do espírito, e das juntas e medulas, e é apta para discernir os pensamentos e intenções do coração (Hb 4,12).

Aqui, Fílon não se inspira apenas nos estoicos, mas também em Salomão a quem é atribuído o livro da Sabedoria na Bíblia onde é questão de um "Espírito-Sopro ativo, penetrante, que alcança de um lado ao outro do universo". Salomão fala da Sophia mais do que do *Logos*, mas na época de Fílon os dois nomes designavam uma mesma realidade.

> A virtude sai do Éden, que é a Sabedoria de Deus: esta é o *Logos* de Deus[55].

Do mesmo modo, a pedra do deserto de onde jorra a água viva é identificada, na mesma passagem, à Sabedoria e ao *Logos*. Mas, de maneira mais geral, a Sophia aparece como anterior ao *Logos*. É ela, mais do que o *Logos*, que poderia ser considerada pensamento divino. Neste sentido, ela é comparada ao Paraíso de onde jorra o *Logos*[56].

É este *Logos* e esta Sabedoria que devem inspirar a vida dos terapeutas, libertá-los de todas as "patologias", "essas doenças penosas e difíceis de curar".

---

55 FÍLON. *Leg. All.* I. 65.
56 DANIÉLOU, J. *Philon d'Alexandrie*. Op. cit., p. 160.

IV

SABEDORIA E LOUCURA

À sabedoria dos terapeutas e de Fílon de Alexandria seria interessante contrapormos a sabedoria de um judeu da mesma época, transformado pelo encontro com Aquele que ele considerará o Messias anunciado pelos profetas: Paulo de Tarso. Em um primeiro tempo, ele parece fazer a apologia da loucura contra a sabedoria, para, em um segundo tempo, integrar esta loucura a uma nova sabedoria: a do Espírito (*Pneuma*).

> E eu, irmãos, quando fui ter convosco, anunciando-vos o mistério de Deus, não fui com sublimidade de palavras ou de sabedoria. Porque nada me propus saber entre vós, senão a Jesus Cristo, e este crucificado. E eu estive convosco em fraqueza, e em temor, e em grande tremor; e a minha palavra, e a minha pregação, não consistiram em palavras persuasivas de sabedoria, mas em demonstração do poder do Espírito, para que a vossa fé não se apoiasse em sabedoria dos homens, mas no poder de Deus. Todavia falamos sabedoria entre os perfeitos; não, porém, a sabedoria deste mundo, nem dos príncipes deste mundo, que se aniquilam. Mas falamos a sabedoria de Deus, oculta em mistério, a qual Deus ordenou antes dos séculos para nossa glória. A qual nenhum dos príncipes deste mundo conheceu; porque, se a conhecessem, nunca crucificariam ao Senhor da Glória. Mas, como está escrito: As coisas que o olho não viu, e o ouvido não ouviu, e não subiram ao coração do homem, são as que Deus preparou para os que o amam. Mas Deus no-las revelou pelo seu Espírito; porque o Espírito penetra todas as coisas, ainda as profundezas de Deus.
>
> Porque, qual dos homens sabe as coisas do homem, senão o espírito (*noûs*) do homem, que nele está? Assim também

> ninguém sabe as coisas de Deus, senão o Espírito (*pneuma*) de Deus. Mas nós não recebemos o espírito (*noûs*) do mundo, mas o Espírito (*pneuma*) que provém de Deus, para que pudéssemos conhecer o que nos é dado gratuitamente por Deus. As quais também falamos, não com palavras que a sabedoria humana ensina, mas com as que o Espírito ensina, expressando as coisas espirituais em termos espirituais. Ora, o homem natural não compreende as coisas do Espírito de Deus, porque lhe parecem loucura; e não pode entendê-las, porque elas se julgam espiritualmente. Mas o homem espiritual, pelo contrário, discerne bem tudo, e ele por ninguém é julgado porque, quem conheceu o pensamento de YHWH, o Ser que é o que Ele é, para que possa instruí-lo?[57]

De um ponto de vista antropológico, não falta interesse a este texto, ele faz bem a distinção entre o *noûs*, o espírito do homem, e o *pneuma*, o Espírito de Deus; essas distinções poderiam iluminar os debates contemporâneos relativos a uma "espiritualidade sem Deus". Para Paulo, a questão é uma espiritualidade não sem espírito (*noûs*), mas sem Espírito (*pneuma*). Trata-se de uma espiritualidade, de uma sabedoria ou de uma terapia "apenas" mundana, aparentemente ineficaz para curar o ser humano dos seus mais graves e profundos males.

Esta espiritualidade sem Espírito (*pneuma*) é uma escolha: a de não reconhecer nada de transcendente no homem e de reduzi-lo ao seu "ser para a morte". Segundo sua visão do homem, Fílon de Alexandria e Paulo de Tarso fizeram uma escolha que pode parecer "loucura" aos olhos dos homens fechados em sua visão psíquica e noética do universo. Eles acreditam que a psique e o espírito (*noûs*) podem abrir-se a um Espírito maior, a uma mais elevada Presença. É esta Presença pura do "Ser que é o que ele é" que cura e salva o ser humano da doença, da loucura e da morte. Mas talvez fosse

---

[57] 1Cor 2.

necessário que a doença, a loucura e a morte fossem assumidas para poderem ser transformadas e é aí que a sabedoria do Cristo crucificado fala particularmente a Paulo.

Há uma sabedoria de antes da loucura, contrária à loucura e que teme a loucura, assim como há uma sabedoria de antes da doença e da morte, que se opõe à doença e à morte e que teme a doença e a morte, e há uma sabedoria que assume a loucura, o núcleo psicótico de todos os homens, uma sabedoria após a loucura e que não teme mais a loucura. Há uma sabedoria que assume o sofrimento, a doença, a morte, mesmo a mais "injusta", uma sabedoria que atravessou o sofrimento, a doença e a morte e que não teme mais a loucura, a doença e a morte. É esta sabedoria que Paulo contempla em Jesus Cristo crucificado e ressuscitado, uma "louca sabedoria" ou uma "sabedoria louca" que transcende as categorias mundanas da sabedoria, assim como o Espírito (*pneuma*) no homem transcende o espírito (*noûs*) do homem.

Quando falamos de terapia espiritual, é bom indicarmos de qual espírito estamos falando, de qual sabedoria falamos; uma sabedoria muito humana, muito inteligente, muito boa, pode nos ajudar a melhorar nossa condição mortal, e isso não é nada; diante da perversão da inteligência, face à crucifixão do Bem, ela permanece, ainda assim, impotente.

Face à "doença da morte", apenas uma experiência do Espírito não mortal ou ainda a Presença pura e intemporal, pode nos ser de alguma ajuda.

É iniciando aqueles que eles acompanham esta Presença pura que os terapeutas podem esperar para si a salvação ou *soteria*, "a grande saúde", "é assim que, pela Sabedoria, eles são salvos" (cf. sabedoria de Salomão).

V

EPISTROPHE – METANOIA – METAMORPHOSIS

A onto-terapia poderia ser resumida em três termos familiares aos antigos terapeutas: *epistrophe*, a conversão no sentido de retorno (*techuvá*); o retorno à terra natal ou à sua terra de eleição simboliza um retorno, ou melhor, uma reviravolta mais profunda: o retorno a si e ao Si (Self), o retorno ao Essencial, desviar-se da distração, da dispersão, da dissolução para onde o mundo mundano nos arrasta, voltar-se para o interior e o íntimo e até mesmo para o mais interior do íntimo (*interior intimo meo*), rumo à infinita Presença do Ser que é o que Ele é (YHWH – Deus). Esta é a primeira etapa que devemos renovar incessantemente, pois estamos sempre prontos a nos "afastar" e mesmo a nos separar e esquecer a Presença do Ser, sempre presente em todo lugar. A entrada nesta presença e o ato de ali permanecer passam pela *metanoia*, mudança de consciência, passagem "além" (*meta*) da consciência ordinária, que é "consciência de", consciência de um "objeto", material ou sutil, consciência física, psíquica e noética. Esta passagem além daquilo que constitui o ser humano é uma abertura do espírito ao Espírito (*noûs* aberto ou *pneuma*), uma abertura da "consciência de" à Consciência sem objeto ou Consciência pura, "Puro Silêncio". Esta consciência original ou "Consciência mãe" é, na linguagem aristotélica, a causa primeira e a causa final de todo pensamento, de toda palavra e de tudo aquilo que existe.

É, portanto, através do apaziguamento do mental e da passagem além de todas as pulsões, emoções, palavras, pensamentos, é pelo silêncio do corpo, do coração e do espírito, que entramos em uma nova vida, uma nova consciência e um Amor todo outro.

Esta vida, esta consciência e este Amor não vêm de um estímulo ou de uma excitação exteriores; esta vida, esta consciência, este amor, nascem da calma e do silêncio internos, daí a importância da primeira etapa, *epistrophe*, que é o retorno a este silêncio, ao "mais interior do íntimo" de si, retorno a esta *hesychia*, paz e tranquilidade, que é nossa verdadeira natureza não perturbada por objetos onde se apegam e se fixam, até chegarem à identificação, à sensibilidade (*soma*), à afetividade (*psique*) e ao intelecto (*noûs*). É no decorrer desta *metanoia*, que é passagem e abertura além do mental e além do eu, abertura à infinita Presença, abertura ao maior, mais vivo, mais inteligente, mais amoroso em mim, que a cura do corpo, da alma e do espírito podem acontecer e que a Presença do Ser em nós, ao mesmo tempo o mais antigo e o mais novo, podem operar sua *metamorphosis* ou transformação. A *metamorphosis* é, de uma certa maneira, a consequência da *epistrophe* (retorno a si) e da *metanoia* (superação de si). O nascimento da borboleta não é a morte da lagarta, mas sua transformação, sua mutação, sua realização; a abertura à Presença infinita não é a morte do eu e dos seus limites, mas sua "elevação", sua realização. O homem realiza-se ao superar-se, transcendendo-se; ele pode permanecer uma lagarta, evitar toda *metanoia* e *metamorphosis*, mas ele terá que suportar, então, a comichão de suas asas como uma calamidade e não como um chamado a elevar-se "além" do seu ser para a morte, rumo à Presença infinita onde "seu ser tal qual ele *é*" poderá se desenvolver.

O que conduzia homens e mulheres às antigas escolas de sabedoria e aos Terapeutas de Alexandria senão a comichão das asas, essa íntima nostalgia, este chamado do Ser ao Ser, "com Ele, nele, por Ele"?

Assim sendo, não se entra na ordem dos terapeutas a título de uma competência qualquer, passando por "exames" para obter um título ou um diploma. Para fazer parte dos terapeutas é necessário passar por uma "*epistrophe*", um retorno ao essencial que é a resposta a um chamado interno, chamado do Ser à autenticidade, ao conhecimento de si mesmo. Fazemos parte dos terapeutas através de uma "*metanoia*" que é uma mudança de vida e mudança de espírito em todos os níveis da existência humana. Esta mudança de vida pode expressar-se através de "metamorfoses" muito concretas: mudança de regime alimentar, de vestimentas, de habitação, de meio, retorno (*epistrophe*) à simplicidade, ao "natural e ao necessário" como no jardim/escola de Epicuro.

A *metanoia* pode conduzir a uma *metamorphosis* igualmente no nível afetivo. Desapego de "objetos" do desejo, para aproximar-se do "Sujeito" do desejo, descobrir que "Aquele que ama" em nós não depende de objetos variados e variáveis que o atraem ou, pelo contrário, o repelem.

O Amor que nasce da calma, o amor não "patológico" (de *pathos*: paixão), respeita esses objetos. Ele pode lhes ser fiel, mas não é imobilizado por eles; como na Escola de Platão, o impulso do amor (*eros*) não saberia demorar-se definitivamente em nenhuma beleza mortal, ele é feito para contemplar a pura Beleza, clara luz cuja "forma" (*morphé*) é um reflexo.

No nível intelectual, as consequências da *metanoia*, esta realização "transcendente" do espírito humano, também tem efeitos "transformadores" (*metamorphosis*). Não se trata apenas da passagem da ciência à filosofia, em seguida, à metafísica e à ontologia como com Aristóteles, o que já parece ser um itinerário impossível para a maior parte dos nossos contemporâneos. Não basta, no entanto, saber "como" as coisas funcionam (o cérebro, o universo etc.), o que é o "objeto" da ciência. É preciso ainda saber ou pressentir "por que" elas existem, e este questionamento é o objeto da filosofia, mas também o da metafísica e da ontologia. "Por que há algo ao invés de nada?" ou Por que haveria "nada" no início e no fim de todas as coisas? Qual é este nada (*no-thing*: uma não coisa), O que é o Ser? Mas a ciência e a filosofia não curam nem salvam, elas aprofundam e esgotam nossas questões. É preciso dar ainda um passo a mais para além das questões, sobretudo para além daquele que coloca as questões, o eu mental, para entrar no silêncio, na contemplação onde o próprio Ser nos responde.

A *metanoia* não é uma conversão à metafísica ou à ontologia, pois isso nada mais seria do que passagem de uma cogitação a uma outra mais elevada e mais vasta ou mais sutil; a *metanoia* é abertura à Presença do próprio Ser, abertura ao infinito onde toda cogitação abranda.

Enquanto "eu penso que eu sou" – "eu penso"; o Ser é um pensamento. Quando "eu sou" realmente, meu ser não é apenas um pensamento, "ele é o que é", é mais do que uma experiência do pensamento.

Enquanto eu pensar em Deus, Deus será um pensamento e minha oração não passará de um pensamento. Quando eu não pensar mais em Deus, mas estiver com Ele, nele, por Ele, minha oração será experiência, pura Presença.

Seja pela *epistrophe* (o retorno a si), a *metanoia* (a passagem, a abertura a algo maior do que o si) ou a *metamorphosis* (a transformação de si) pela qual passamos quando nos juntamos aos terapeutas e a todas as escolas de sabedoria; nós podemos medir a intensidade e a profundeza de tal compromisso.

Quem poderá acolhê-lo? Se não for uma fraternidade sempre em marcha que oferece, através do seu ambiente de "sobriedade feliz", estudo, exercício e contemplação, um quadro possível para que se operem, no diálogo e no silêncio, as metamorfoses às quais a humanidade é convocada se ela quiser viver ou sobreviver.

VI

Psicoterapia transpessoal e cristianismo

A psicologia transpessoal, da maneira como a pratiquei e ensinei na Syracuse University de Nova York e como pude desenvolvê-la na montanha da Sainte Baume, parece-me, cada vez mais, um processo de enraizamento, abertura e purificação da consciência; essa consciência sempre pronta para trazer às categorias do "conhecido" o mundo desconhecido que a cerca por todos os lados. Com relação a este assunto, penso em dois conceitos do homem simbolizados pela imagem da ilha em Kant e Pascal:

1) A que se satisfaz dos limites do homem e que faz desses limites o próprio lugar da sua única felicidade.

2) Aquela cuja apreensão dos limites apenas desperta a nostalgia e o pavor.

A imagem da ilha

Kant nos diz que o país do entendimento é uma "ilha que a própria natureza fechou em limites imutáveis. É o país da verdade enclausurada em um vasto e tempestuoso oceano, império da ilusão, onde muita neblina, muitos bancos de gelo em fusão apresentam a enganosa imagem de um país novo, atraindo o navegador que partiu à sua descoberta, arrastando-o a aventuras das quais ele não poderá mais sair, sem jamais alcançar o objetivo"[58]. É por esta razão que Kant cita as palavras de Cândido[59] segundo o qual devemos nos

---
58 KANT. *Crítica da razão pura*. Nova Fronteira, 2013, cap. III.
59 Menção a Cândido, personagem título da obra de Voltaire (1694-1778): *Cândido*

contentar em "cultivar nosso jardim". Que diferença para o sugerido pela mesma imagem da ilha utilizada por Pascal!

> Ao ver a cegueira e o mistério do homem, ao olhar todo o universo mudo e o homem sem luz, abandonado a si mesmo, parecendo extraviado neste recanto do universo, sem saber quem o colocou ali, o que ele veio fazer ali, o que vai ser dele ao morrer, incapaz de todo conhecimento, entro em pânico como um homem que alguém tivesse levado durante o sono para uma ilha deserta e assustadora e acordasse sem saber onde está e sem meios para sair[60].

Assim, para Kant, nós temos que nos manter no território da ilha cujo mapa devemos cuidadosamente desenhar. Para Pascal, a ilha é assustadora e não saberíamos encontrar nenhuma justificativa para nela estarmos. A ilha kantiana é o lugar da habitação do homem. A ilha pascalina é o lugar de abandono do homem, seu calabouço...[61] Entre os limites nos quais nos comprazemos e aos quais queremos tudo reduzir (trazer a religião para os limites da razão) e os limites que nos apavoram e nos frustram, haveria uma arte de viver dentro desses limites ligando-os ou inscrevendo-os em um Todo que ao mesmo tempo os situe e os transcenda?

Seria essa arte de viver, a arte da filosofia e da psicologia transpessoal que não negam em absoluto os limites e as normas do indivíduo, mas os integram ao Infinito da Consciência que os informa e os faz ser o que eles são? Assim seriam salvos a segurança e o desejo. Nós sairíamos do dilema "ou bem ou bem"[62]. A ilha não é mais percebida como estando em uma relação dual com o céu, o oceano, os vastos universos que a cercam, mas como um ponto de emergência específico, tendo sua própria forma, de um único "campo de consciência". O inventário ou a análise dos limites do

---

ou o otimismo, 2010 [Abril Coleções] [N.T.].
60 PASCAL. Pensées, n. 693. Brunschwig.
61 Cf. BRUN, J. Déchirements et existence, p. 295-296. In: *Eranos Jahrbuch*, 1980.
62 "Ou bem ou bem"; expressão utilizada pelo filósofo Søren Kierkegaard; em dinamarquês *"Enten – Eller"* [N.T.].

homem não o enclausuram em si mesmo, mas o fazem descobrir, pelo contrário, o "além" que o toca por todo lado. Esse "além" não é mais percebido pela razão como uma ameaça, mas coloca a razão em seu justo lugar.

Na psicologia transpessoal nós estamos em presença de uma arte de viver que não conduz nem à felicidade da autossatisfação nos limites da sua própria compreensão, nem ao pavor daquele que, por todos os lados, sente essa razão submergida pelos redemoinhos de um inconsciente cada vez mais insondável. Sabemos que em *O futuro de uma ilusão*[63], Freud descreve a religião como uma conduta nevrótica. Mas é menos difundida e menos conhecida a carta escrita ao psicanalista R. Laforgue, onde ele escreve que esta obra é seu "pior livro". Em uma carta a S. Ferenczi datada de 23 de outubro de 1927, ele vai ainda mais longe: "Vejo [este livro] como tão inadequado e fraco analiticamente quanto uma autoconfissão... Fundamentalmente, eu penso o contrário..."[64] Para R. Laforgue ele escreveu ainda: "Nós limpamos os estábulos de Áugias[65] para que no lugar vocês construíssem esplêndidas catedrais". Não seria essa uma certa fidelidade a Freud: interessar-se pelos fenômenos religiosos e místicos, como o faz a psicologia transpessoal, com a condição de não querer construir rápido demais catedrais ali onde os fundamentos não foram suficientemente explorados, saneados e purificados? Conhecemos as devastações que o religioso pode produzir quando ele se une a um inconsciente onde reina o delírio de poder.

A psicologia transpessoal não nega em nada a contribuição freudiana, ela apenas lembra, junto com Jung, que ali onde o "isso" impôs sua lei (ou sua não lei), ali onde reinava o "eu" com suas faculdades de adaptação e de "civilização", ali pode advir o Self. Ali

---

63 FREUD, S. *O futuro de uma ilusão*. L & PM Pocket, 2010.
64 Ibid., p. 315.
65 Um dos doze trabalhos de Hércules dentro da mitologia grega; significa o trabalho de limpeza e purificação [N.T.].

onde o homem afundava nos meandros do pântano pode elevar-se o canto puro das catedrais. Trata-se de alargarmos nossa visão do mundo e nossa visão do homem e não de separar ainda mais aquilo que só pede para estar unido: o corpo, o psiquismo e o espiritual.

Após ter estudado as diferentes patologias do homem com a psicanálise e melhor conhecido seus potenciais voltados a um "melhor-ser" com a psicologia humanista, é o próprio Abraham Maslow[66] quem nos incitou a explorar as grandes tradições religiosas da humanidade e a nos debruçar com toda seriedade científica possível sobre diferentes estados de consciência como os descritos pelos místicos e, mais particularmente, por aqueles da tradição cristã que nos são mais facilmente acessíveis, apesar da soma de resistências ou de memórias negativas acumuladas ao longo da história da nossa civilização ou da nossa história pessoal. Inclinar-se a uma certa objetividade neste campo já é entrar no campo do Transpessoal. Já é estar "além do eu" e de suas imagens *a priori* do cristianismo.

A informação transmitida por Yeshua

Da mesma maneira como falamos do "Buda como terapeuta", nós podemos falar do Cristo como terapeuta, já que foi esse o primeiro motivo pelo qual os homens e as mulheres da Galileia o seguiram.

> E percorria Jesus toda a Galileia, ensinando nas suas sinagogas e pregando a boa-nova do Evangelho do reino, e curando todas as enfermidades e moléstias entre o povo. E a sua fama correu por toda a Síria, e traziam-lhe todos os que padeciam, acometidos de várias enfermidades e tormentos, os endemoninhados, os lunáticos, e os paralíticos, e Ele os curava. E seguia-o uma

---

66 Abraham Maslow (1908-1970), psicólogo americano considerado um dos fundadores da psicologia humanista e da psicologia transpessoal. Ele acreditava que uma terapia deveria incluir não apenas os pontos obscuros, mas também os pontos altos que cada indivíduo é capaz de alcançar, incluindo criatividade, amor, altruísmo e misticismo [N.T.].

grande multidão da Galileia, da Decápolis, de Jerusalém, da Judeia, e de além do Jordão[67].

Não disse Ele em outra passagem: "Eu não vim para os que estão em boa saúde, mas para os enfermos?" E a primeira tradição cristã falará dele como do "grande médico das nossas almas e dos nossos corpos".

Em qual sentido Jesus é terapeuta? Qual é o seu método? Em qual sentido poderíamos qualificar sua prática e seu ensinamento da "psicologia iniciática ou da medicina e da psicologia transpessoal"? Quais foram as práticas e os ensinamentos dos seus discípulos dos primeiros séculos, que chamamos de Padres do Deserto, ou ainda, como Fílon de Alexandria, de "terapeutas"? (Este é, de fato, o nome que este grande filósofo e teólogo judeu guardou para falar daqueles que buscam a pureza do coração, a clareza do espírito e a saúde do corpo, ou seja, a saúde primeira do homem, sua natureza original à imagem e à semelhança de Deus.)

Para começarmos falando de Jesus como terapeuta, utilizaremos o conceito de "informação". Este termo significa antes de tudo: aquilo que dá a uma multiplicidade de elementos díspares uma unidade orgânica, uma estrutura subsistente. É a "forma" no sentido aristotélico do termo, o lugar, o *sundesmos* que faz de uma multiplicidade uma unidade substancial. Assim, em um organismo vivo, uma multiplicidade de átomos e moléculas é integrada na unidade subsistente de um organismo. Essa "forma" que subsiste integrando uma multiplicidade de elementos na unidade de um corpo vivo, Aristóteles chama também de "alma" (psique). É o primeiro sentido da palavra "informação": aquilo que informa, aquilo que dá forma. Existe um segundo sentido para o termo "informação": um ensinamento, um conhecimento comunicado por alguém que "sabe" a alguém que não sabe. Comunicamos uma informação quando comunicamos um novo conhecimento. A biologia contemporânea descobriu que os dois sentidos da palavra

---

[67] Mt 4,23.

"informação" encontram-se. Um organismo vivo é uma estrutura, uma forma que subsiste e vive, desenvolve-se e reproduz-se porque ele contém em seus genes uma mensagem, uma informação no sentido de ensinamento, que forneceu as instruções para construir este organismo altamente complexo. Nos genes, que são estruturas moleculares muito complexas, há uma mensagem, um ensinamento. A biologia contemporânea permite verificar e dar um fundamento bioquímico ao pensamento de Claude Bernard[68]: "Um organismo é informado por uma ideia diretora".

Na prática terapêutica e no ensinamento de Jesus de Nazaré, esses dois significados da palavra "informação" vão se encontrar analogicamente. Enquanto terapeuta, Jesus vai reorganizar e reinformar os organismos doentes, enfermos. Ele tem o poder de regenerar aquilo que está doente, de reinformar – por dentro – aquilo que perdeu a informação, aquilo que está deformado, e restabelecer as "leis fisiológicas deterioradas"[69]. Seu poder terapêutico é atestado por diversos testemunhos nos evangelhos. O fato de Jesus poder curar desta maneira os doentes físicos ou psíquicos é sinal de que "Ele conhece o que existe dentro do homem" e de que Ele faz apenas Um com a própria Fonte das informações que ordenam e estruturam o corpo humano, assim como o corpo cósmico (cf. o milagre da tempestade acalmada). Ele está totalmente em harmonia com a Inteligência criadora que não para de informar e reinformar (ou seja, utilizando uma linguagem bíblica: de criar e recriar) tudo aquilo que existe no universo.

Jesus é, portanto, terapeuta no sentido primeiro do termo, e haveria várias passagens do Evangelho que poderíamos citar onde são curados os mancos, uma mulher que tem a mão ressecada, os mudos, os surdos, os doentes mentais, os "possuídos por espíritos ruins" etc. Mas Jesus não parece querer que se faça publicidade dos

---

68 Claude Bernard (1813-1878), médico e fisiologista francês, fundador da medicina experimental [N.T.].

69 Cf. TRESMONTANT, C. *L'Enseignement de Ieschoua de Nazareth*. Paris: Le Seuil, 1970.

seus dons de curador... Como disse Santo Agostinho: "Vós necessitais de milagres, do extraordinário, pois vossos olhos são incapazes de ver o que eles veem. O Cristo transforma a água em vinho, mas não é isso que a vinha faz todos os anos? – Vossos olhos estão cegos ao grande milagre: "as coisas são o que elas são" – o extraordinário está aqui para vos abrir os olhos ao milagre do ordinário..."[70] A prática e o ensinamento de Jesus dirigem-se, portanto, aos que estão em boa saúde ou àqueles que acreditam estar. As informações que Ele comunicará dali em diante possuem um sentido iniciático e transpessoal mais profundo, pois trata-se de conduzir o homem além do homem e, desta maneira, "realizá-lo".

Uma das grandes leis da psicoterapia iniciática é o famoso "morra e torne-se" de Goethe, retomado por Graf Dürckheim. Trata-se de passarmos de um nível de consciência a um outro, morrer para uma certa ideia ou uma certa imagem de si mesmo para renascer a uma outra imagem, totalmente nova, totalmente outra... daí o medo de dar este passo, de deixar o conhecido pelo desconhecido, pois para encontrar é preciso perder. Perder suas seguranças, seus pontos de apoio... Mas, afinal de contas, se nós realmente estamos buscando o real, temos apenas ilusões a perder... Trata-se, portanto, como dizia Mestre Eckhart[71], de fazer um "furo" através do espaço-tempo, através das memórias que nos constituem, rumo ao Ser essencial. A este respeito, o cristianismo não procurará levar de volta nossa memória para nossa vida passada ou nossas vidas anteriores, devemos nos lembrar da nossa Vida superior, do Incriado, do "Não nascido, Não feito", daquilo que não pode morrer (se decompor) em cada um de nós...

Da mesma maneira, quando o Cristo nos diz: "Na verdade, na verdade vos digo que, se o grão de trigo, caindo na terra, não morrer, fica ele só; mas se morrer, dá muito fruto" (Jo 12,24), nós

---

70 Cf. *Sermão* 126,4.
71 Mestre Eckhart (1260-1328), teólogo e filósofo dominicano. Primeiro dos místicos renanos [N.T.].

nos encontramos em presença daquilo que Claude Tresmontant[72] chama de "a lei ontogenética fundamental", a própria lei da transformação do homem, o "morra e torne-se" do qual falávamos há pouco. Eis uma coisa sobre a qual Jesus vai particularmente insistir. Em Mt 16,24-26: "Então disse Jesus aos seus discípulos: Se alguém quiser vir após mim, renuncie a si mesmo, tome sobre si a sua cruz, e siga-me. Porque aquele que quiser salvar a sua vida, perdê-la-á, e quem perder a sua vida por amor de mim, achá-la-á. Pois que aproveita ao homem ganhar o mundo inteiro (que ele acumule saberes, bens e poderes), se perder a sua alma (se ele não sabe mais pelo que e por que ele é informado)?" Esta informação comunicada por Jesus Cristo nos ensina as condições de acesso à Vida. Não há nada de masoquismo ou de mórbido nessas palavras. Trata-se de iniciação a uma vida mais elevada, menos banal, menos "mortal" no sentido concreto do termo: ser iniciado a uma vida cuja morte não é a última palavra. "Aquele que quiser salvar a sua vida, perdê-la-á", e aquele que consentir em perdê-la, este a encontrará mais plena e mais inteira, multiplicada ao cêntuplo: esta lei já é verificável no campo dos "negócios". Aquele que se agarra com avareza e angústia à soma de dinheiro que possui, com medo de perdê-la, este perderá mesmo aquilo que possui. Aquele que aplica seu dinheiro, que consente em correr o risco da aventura, este encontrará seu dinheiro centuplicado... É uma lei, não da "moral", mas da vida. Os biólogos já nos diziam: as espécies que correram os maiores riscos são aquelas que obtiveram os maiores êxitos. Aquelas que buscaram o conforto, a tranquilidade, aquelas que tiveram medo do risco, essas dobraram-se sobre si mesmas, em uma experiência diminuta, parasitária, e transformaram-se em fósseis vivos.

Podemos pressentir que receber tal informação, tal palavra, não é algo que aconteça sem dificuldade por parte daquele que escuta. O grande obstáculo a esta exigência do dom e da frutificação é o

---

[72] Claude Tresmontant (1925-1997), filósofo e exegeta francês. Lecionou filosofia medieval e filosofia das ciências na Sorbonne [N.T.].

medo. O medo de se perder, de se doar, que é o medo da própria vida, o medo do amor. Esta resistência à informação criadora é aquilo que na Bíblia chamamos de dureza do coração. O que é um coração duro, um coração de pedra? É aquele que não quer ou não pode acolher o "grão", a semente, a informação criadora em si (cf. Parábola do Semeador, na qual a palavra do Cristo é comparada a uma semente que é diversamente acolhida: pelo mato que a sufoca, por uma boa terra que lhe permite germinar e produzir seu fruto, mas também pela pedra sobre a qual ela seca e murcha).

Há vários tipos de resistência à informação: politicamente, um Estado totalitário não tem interesse em deixar a informação passar; ele impõe a censura. Economicamente, podemos ter interesse em não deixar que a luz se faça sobre certos métodos, certos procedimentos, certas combinações. Aqui também a censura vai intervir. Na ordem psicológica, o "inconsciente" opõe uma resistência à tomada de consciência dos seus próprios conflitos e das suas próprias pulsões. Em todos esses casos, nós temos uma resistência à informação, o que pode tornar-se um "recalque". Jesus nos ensina que existe também uma resistência de ordem espiritual, que é uma recusa em crescer, frutificar, transformar-se, uma recusa de abrir-se à ordem divina, aquilo que os teólogos chamam de "ordem teologal". Esta resistência àquilo que em mim é maior do que eu, mais inteligente do que eu, mais amoroso do que eu... Não seria aquilo que hoje em dia chamaríamos de resistência ao Transpessoal, ou seja, resistência a esta dimensão de nós mesmos completamente Outra que nós mesmos, além do pensamento, da afetividade normalizada... além do ego?

Para entrar neste além que está no fundo de todo homem e que é o seu Ser essencial "incriado", Jesus fala de "conversão". Convertei-vos! *Metanoieté!* A palavra grega *"metanoia"* é interessante. Podemos traduzi-la, como de hábito, por "mudança de espírito, mudança de comportamento". Esta mudança normalmente acontece após uma dessas experiências de graça numinosa mencionada pela psicoterapia iniciática, que são irrupções, no campo da consciência do quotidiano, de um Além, de um Todo Outro, que é a Verdade de nós mesmos e do cosmos. Mas a palavra "*metanoia*" poderia ser interpretada no sentido de "ir além do *noûs*" (como na palavra metafísica – além da física). *Metanoieté*! Ou seja: vá além do mental! Além do pensamento, na sua mais fina ponta, enquanto este pensamento ainda for pensado ou for consciência de alguma coisa. Devemos entrar em uma consciência sem objeto, consciência pura. Assim, *metanoieté*! Convertei-vos! possui mais do que um significado moral, trata-se também de entrar no além do mental que é o campo da "Gnose verdadeira" (a *epignosis* mencionada por São Paulo). Devemos entrar em uma nova consciência. Esta nova consciência que Jesus chamará: seu Espírito. (No grego do Evangelho, trata-se do seu *Pneuma* e não do seu *noûs*.)

O *Pneuma* faz com que o homem participe da própria Inteligência e do Amor de Deus. Permite também que atualizemos, que encarnemos novamente as informações comunicadas por Jesus.

Pecado, doença da alma

Às vezes, Jesus faz mais do que curar e ensinar: ele perdoa os pecados! Como no caso do paralítico, cujo relato é narrado em Mc 2,1-12; ele pede a Jesus que o cure e Jesus perdoa os seus pecados. A multidão, então, interroga-se: "Quem é este homem?" "Quem é você para perdoar os pecados?" Jesus responde: "O que é mais fácil: dizer teus pecados estão perdoados, ou levanta-te e caminha? Pois bem, para que vocês saibam que o Filho do Homem tem o poder de perdoar, eu te digo: levanta-te e caminha!..." Este relato nos comunica uma informação importante: a causa da doença algumas vezes deve ser procurada no nível espiritual. Ali também nós precisamos ser curados, reinformados... O pecado é a doença da alma. *Hamartia*, pecado em grego, quer dizer: "errar o alvo", "estar ao largo de si mesmo", "desamparar seu ser verdadeiro". Assim, o pecado é uma doença do Ser, uma deformação da nossa natureza verdadeira, caricatura do nosso verdadeiro semblante. Ser reinformado neste nível é reencontrar nosso centro, reencontrar a comunhão da unidade com Deus... É mais importante estar em boa saúde neste nível do que no nível corporal ou mesmo psíquico. A cura do corpo advém como sinal, mas o importante é a cura do coração.

Quem é este homem? Existe nele uma informação que restabelece a ordem nos organismos desorganizados. Existe nele uma informação que restabelece a ordem entre o homem e a própria fonte da sua Vida que ele chama de Deus. Existe nele igualmente uma informação criadora de uma nova humanidade. De fato, se colocarmos em prática as palavras de Jesus, a vida vai mudar... Não julgar; não ficar se preocupando com o amanhã; tornar-se pobre voluntariamente; ser doce e humilde, misericordioso; ser artesão da paz... São tantas informações evangélicas que, se nós as deixássemos penetrar no homem, elas fariam uma nova humanidade, uma humanidade em vias de divinização. Esta humanidade imbuída das informações evangélicas, em vias de divinização, é o que Jesus chama "o Reino de Deus" que Ele, mais uma vez, compara a um grão que deve crescer.

Assim, existe no homem uma possibilidade, uma abertura ao transpessoal. Da mesma maneira que os físicos contemporâneos falam de um "princípio antrópico" em obra no universo (como se todo esse trabalho prodigioso do universo através dos séculos não tivesse outro objetivo a não ser o de formar uma inteligência onde ele possa tomar consciência de si mesmo), alguns chegarão a dizer que nos nossos genes está inscrito um Princípio, um Potencial "teo--antrópico", divino-humano ou humano-divino...

"O homem é um animal convocado a tornar-se Deus", diziam, em outro linguajar, os Padres da Igreja; ou ainda São Paulo quando ele lembra aos coríntios qual é a evolução normal do homem: "Do somático ao psíquico e do psicossomático ao Espiritual"[73], sendo que o Espiritual ou Pneumático não são aquilo que vêm "desencarnar" o homem, destruir sua humanidade, mas, pelo contrário,

---

73 1Cor 15,45-50.

transfigurá-la. Não ouso dizer "transpersonalizá-la" e, no entanto!, "Transfigurar" quer dizer: manifestar através da figura e da forma um além, uma luz incriada, presença infinita no próprio coração do finito (cf. Gregório Palamas e a tradição filocálica[74]). A palavra grega é clara: *meta-morphosis*, ou seja, "além da forma". Esse além não destrói a forma, mas a habita e ilumina. É a sarça ardente que "queima, sem ser consumida". É a "*morphé*" do Cristo", sua forma humana, que irradia sobre o Monte Tabor a Luz do Vivente. É o "Eu Sou" de Jesus de Nazaré, sarça de humanidade que manifesta a própria presença do "Eu Sou" do Eterno.

Essa transfiguração, essa metamorfose é um dos objetivos da vida monástica cristã, desde os primeiros séculos até nossos dias. Esses homens e mulheres do deserto são pessoas que levam a sério as informações comunicadas por Jesus de Nazaré e que querem "verificar" em seus espíritos e em seus corpos que elas podem realmente transformar o homem e fazer dele um novo ser. Novo homem não quer dizer "homem extraordinário", nem super-homem. Pelo contrário, o novo homem é aquele que, na simplicidade e humildade da sua forma espaçotemporal, manifesta as próprias qualidades do Ser e da Consciência que se manifestaram em Jesus Cristo como sendo seu arquétipo: a doçura, a paz, a paciência e a força do Amor... "Qualidades divinas" que tornam o homem mais humano... Mas antes de chegarmos a este estado de simplicidade e transparência, existe todo um trabalho de purificação a ser feito. O objetivo da vida monástica, dirá São João Cassiano, seguindo o

---

74 "*Filocálico*", referente à palavra grega "*filocalia*", que significa "amor à beleza", essa beleza que se confunde com o bem. Em 1782 foi publicada em Veneza sob o nome de *Filocalia* uma grande compilação de autores espirituais gregos das mais variadas épocas. Com textos de mais de trinta autores, desde os Padres do Deserto até autores bizantinos do século XIV. O sucesso recente da filocalia deve-se ao livro *Relatos de um peregrino russo* (Petrópolis: Vozes, 2008). Filocalia é, antes de tudo, o livro da Oração do coração ou Oração de Jesus [N.T.].

exemplo de Evágrio Pôntico[75], é a purificação do coração. (O coração, na antropologia judaico-cristã, é o centro do homem, o lugar de sua humanização e divinização.)

E nós encontramos aqui um outro elemento importante da Psicoterapia iniciática: a travessia da sombra, a purificação do inconsciente. Através do exercício da ascese, "este trabalho bem-ordenado sobre si mesmo", como dizia Santo Tomás de Aquino, devemos reencontrar nosso eixo, nosso centro: permanecer nele e afrontar os obstáculos, a rigidez, as fixações que impedem a manifestação do nosso Ser essencial. A purificação do coração, a pureza do coração, diziam os antigos, é condição inerente para o Amor verdadeiro. "Não bebemos *champagne* em um penico." Enquanto houver no coração o menor sinal de apego, cólera, ciúme ou julgamento, não poderemos saborear a Verdade do Ser, a Verdade do Amor. Não podemos ver Deus... Sem esta purificação, só fazemos a experiência de nós mesmos, só conhecemos uma projeção de nós mesmos. Os elementos terapêuticos deste caminho da purificação do coração são: jejuns, vigílias, meditação das Escrituras, silêncio, orações, trabalho manual...

Eles não devem ser cultivados por si próprios, mas porque – ao purificarmos o coração e o espírito – eles nos aproximam do "Único necessário".

A purificação dos *logismoi*[76] segundo Evágrio Pôntico

Conhecemos Evágrio Pôntico pelo capítulo que Paládio, seu discípulo, lhe consagra na "história lausíaca". Ele nasceu por volta de 345 em Ibora, no Ponto, nas cercanias de Anneroi, propriedade da família de São Basílio onde este e São Gregório de Nazianzo vieram se retirar entre 357-358 para fazer uma tentativa de vida monástica.

---

75 João Cassiano (360-435) e Evágrio Pôntico (345-399): dois dos assim denominados "Padres do Deserto" [N.T.].

76 *Logismoi* é um termo grego que indica os "pensamentos tentadores" [N.T.].

Desta maneira, ele entrou muito cedo em relação com os grandes capadócios[77] e foi Gregório de Nazianzo quem o ordenou diácono. Este jovem "chamou a atenção pela sua viva inteligência e sua habilidade dialética nas controvérsias". Um certo número de peripécias amorosas o obrigaram a deixar Constantinopla (para onde ele tinha ido seguindo Gregório) por Jerusalém. Ali, ele foi acolhido por Melania a Antiga e por Rufino que o convenceram a seguir a vida monástica no Egito onde, nas Kellia[78], as celas monásticas da Nítria e de Scete, ele foi iniciado à sabedoria do deserto, sabedoria desconhecida pelo letrado e o intelectual que ele era. Sabedoria da "*metamorphosis*", da *metanoia*, que é sobretudo prática, mas que supõe um profundo conhecimento do homem consciente e inconsciente. Macário, dito o Alexandrino (morto em 394); Ananias, "grande leitor de Orígenes", e Abba Pambo foram – depois de Basílio e Gregório – seus mestres. O patriarca Teófilo quis nomeá-lo bispo, mas, como verdadeiro monge, Evágrio recusou. Ele morreu em 395. Segundo Paládio, ele tinha cinquenta e quatro anos. Sua obra é muito abundante. Ele descreve as bases da vida monástica e da vida de oração, mas ele é sobretudo conhecido pelos seus "tratados gnósticos e práticos" onde ele mostra, no espírito do Evangelho, mas também influenciado por Orígenes, o objetivo da vida cristã e os meios para alcançar este objetivo.

O tratado que vamos estudar é o *Praktikè*, tratado célebre que será transmitido no Ocidente quase à risca por São João Cassiano. Este livro conhecerá um imenso sucesso na tradição monástica ocidental até a Contrarreforma. "A *praktikè* é o método espiritual

---

77 Os Padres ou Filósofos Capadócios são santos venerados tanto pela Igreja Ortodoxa quanto pela Igreja Católica Romana. Receberam este nome por terem vivido na região da Capadócia, na atual Turquia [N.T.].

78 Kellia: grupamento de células ou celas (em grego, *kellia*; em árabe, *el-Mouna*, do grego *mohn*: monge) situado a cerca de 60km de Alexandria, fundado em 335 pelos monges do monastério da Nítria para servir de anexo. Para ir da Nítria a Scete, os monges precisavam passar pelas Kellia [N.T.].

que visa purificar a parte apaixonada da alma" (cap. 78). É o lento trabalho de purificação do coração consciente e inconsciente para que este encontre sua beleza primeira, sua saúde e sua salvação (em grego utilizamos o mesmo termo – *soteria* – para nos referirmos à "saúde" e "salvação"). Retomando aquilo que expusemos na introdução da nossa edição, hoje esgotada, sobre o tratado de Evágrio[79], podemos dizer que a *Praktikè* de Evágrio é um tratado terapêutico do século IV, cujo objetivo é permitir que o homem conheça sua verdadeira natureza "à imagem e semelhança de Deus", livre de todas suas más formações ou deformações patológicas. É neste sentido que podemos traduzir a palavra "*apatheia*", empregada por Evágrio e pela tradição monástica do Deserto: ao invés de falarmos de "impassibilidade", o correto seria dizermos "estado não patológico" do ser humano, se for verdadeira a definição de que a conversão "é voltar daquilo que é contrário à natureza para aquilo que lhe é próprio" (São João Damasceno). A *praktikè* é uma forma de psicanálise no sentido próprio do termo: análise dos movimentos da alma e do corpo, das pulsões, das paixões, dos pensamentos que agitam o ser humano e que estão na base de comportamentos mais ou menos aberrantes. Assim, o elemento essencial da *praktikè* no deserto consistirá em uma análise e uma luta contra aquilo que Evágrio chama de *logismoi* que devemos literalmente traduzir por: os "pensamentos". Na tradição cristã, que dará sequência ao assunto, falaremos de demônios ou *diabolos* (literalmente: aquilo que "divide (*dia*) o homem em si mesmo, aquilo que o despedaça. Essa é igualmente a etimologia da palavra hebraica *shatan*, o "obstáculo"; aquilo que se opõe à unidade do homem, à união com os outros, à união com Deus). Trata-se da mesma concepção de discernir no homem aquilo que é um obstáculo à realização do seu ser verdadeiro, aquilo que impede o desabrochar da vida do Espírito (do *pneuma*) em seu ser, em seu pensamento e em seu agir.

---

[79] *Praxis et Gnosis*. Paris: Albin Michel/Cerf, 1992.

Evágrio distingue oito *logismoi* na raiz dos nossos comportamentos, que são oito sintomas de uma doença do espírito ou doença do ser que fazem com que o homem seja "viciado", que ele passe ao largo de si mesmo, em estado de "*hamartia*":

a) A *gastrimargia* (João Cassiano traduzirá diretamente do grego *de spiritu gastrimargiae*). Não se trata apenas da gula, mas de todas as formas de patologia oral.

b) A *philarguria* (Cassiano: *de spiritu philarguriae*) não é apenas a "avareza", mas todas as formas de "constipação" do ser e de patologia anal.

c) A *porneia* (Cassiano: *de spiritu fornicationis*) não é apenas a fornicação, masturbação, mas todas as formas de obsessões sexuais, desvios ou compensação da pulsão genital.

d) *Orgé* (Cassiano: *de spiritu irae*), a ira, a cólera, patologia do irascível.

e) *Lupé* (Cassiano: *de spiritu tristiae*), depressão, tristeza, melancolia.

f) *Acedia* (Cassiano: *de spiritu acediae*), acédia, depressão com tendência suicida, desespero, pulsão de morte.

g) *Kenodoxia* (Cassiano: *de spiritu cenodoxiae*), glória vã, inflação do ego.

h) *Uperéphania* (Cassiano: *de spiritu supervia*), orgulho, paranoia, delírio esquizofrênico.

Esses oito sintomas terão uma longa história – de São João Cassiano a Gregório o Grande que, nas *Moralia*, suprime a acédia, mas introduz a *invidia* (inveja) e declara a *superbia* "fora do jogo" como rainha dos vícios, o que nos leva ao número sete; assim os "oito sintomas" se tornarão os "sete pecados capitais" cuja lista foi divulgada pela Contrarreforma. O moralismo fará com que o caráter medical da sua análise seja pouco a pouco esquecido, pois à origem tratava-se da análise de um tipo de câncer psicoespiritual ou de câncer do livre-arbítrio, que corrói a alma e o corpo humano destruindo sua integridade. Devemos analisar as influências nefastas que agem sobre a liberdade, "desorientando" o homem e fazendo com que ele perca o sentido da sua finalidade teo-antrópica.

Passemos à análise breve de algumas dessas patologias buscando, como em um tratado terapêutico, a causa dos sintomas e o remédio que pode ser proposto:

A gastrimargia

Hoje em dia conhecemos as impressões que certos traumas vividos pela criança podem deixar nas suas relações com a mãe ou o "objeto materno", particularmente na época do aleitamento ou do desmame. Alguns comportamentos de adulto manifestam uma fixação no dito "estado oral". A ansiedade, a angústia podem fazer uma pessoa regredir a atitudes infantis onde ela buscará uma solução ao seu mal-estar ingurgitando uma grande quantidade de alimento ou de bebida (bulimia), ou, pelo contrário, recusando todo tipo de alimento e bebida (anorexia). Entre os antigos monges, há muitos bulímicos (que são geralmente representados com bochechas redondas nos rótulos de queijo *camembert* ou de licor); há também muitos anoréxicos (que são representados com as faces encovadas, vivendo apenas de pão seco e água).

Os padres perceberam esses comportamentos e a patologia presente neles; aos excessos, eles preferem as medidas, o equilíbrio, a "discrição" e para chegar a um certo domínio da oralidade e das pulsões inconscientes que a animam, eles propõem como remédio não apenas um jejum moderado (alimentação não excitante, sem carne), como também a prática da oração "oral": o canto dos hinos e dos salmos cujo objetivo, é claro, é adorar e louvar Deus, mas também procurar o apaziguamento. Em *Relatos de um peregrino russo*[80], o peregrino propõe a um capitão amigo da bebida que leia em voz alta o Evangelho no momento em que ele tiver vontade de

---
80 Editora Vozes, 2008.

se dirigir à sua garrafa de álcool. Isso provoca salivação suficiente para acalmá-lo e "cortar-lhe" a vontade de beber.

Não faltava senso de humor aos antigos; eles propõem ruminar e "mascar" a Palavra de Deus. Eles possuíam também um verdadeiro conhecimento do composto humano e de certas formas do psicossomático. Do ponto de vista de uma terapêutica transpessoal, para eles tratava-se de passar da *gastrimargia*, tomada no sentido de consumo, à *eucharistia*, que quer dizer "comunhão", ação de graças; não ser mais apenas "consumidores", mas homens eucarísticos. Alguns interpretam o pecado original como um pecado da *gastrimargia* no sentido de que o "fruto" que simboliza o universo material foi tomado como objeto de consumo e não como lugar de comunhão com o Ser que está na sua fonte e origem, o Criador.

Há uma maneira de "consumar" e, consequentemente, de consumir a vida que é o estado de consciência do homem ordinário (psíquico) e existe uma maneira de "comungar" com a vida que é o estado de consciência do homem espiritual (pneumático). Estar livre desta *gastrimargia*, deste "espírito de consumo", torna o homem capaz de viver todas as coisas em estado de "eucaristia"; como dizia São Paulo, "quer comais, quer bebais, façais tudo pela Glória de Deus".

A *philarguria*

Não se trata apenas de avareza, mas de toda forma de crispação sobre um "ter", não importa o que seja. São João Cassiano conta a história de um monge que deixou grandes bens ao entrar no monastério: carruagens, cavalos, casas etc. e, tendo entrado no monastério, tornou-se incapaz de separar-se de uma "borracha"; era mais forte do que ele, ele não conseguia emprestá-la aos seus irmãos. O exemplo é ridículo, mas ilustra bem esses apegos irracionais que alguns podem ter não apenas para com um bem qualquer (borracha, livros, roupas), mas também para com uma ideia, uma prática ou postura particulares. Há uma espécie de identificação com aquilo que possuímos; perder aquilo é perder-se a si mesmo. Uma das raízes inconscientes deste comportamento estaria situada no estado anal. Quando a criança se identifica ao seu corpo, ela pode vivenciar momentos de terror ao vê-lo "decompor-se" sob a forma de matérias fecais; se a mãe não estiver por perto para fazê-lo sentir-se seguro e agradecer-lhe por este "belo presente", ele vivenciará um certo temor que fará com que ele comprima os esfíncteres ou, pelo contrário, espoje-se em seus excrementos. A educação para a limpeza e a higiene não é algo fácil e todo ser humano guarda em seu inconsciente marcas mais ou menos dolorosas desta época da vida que se manifestam sob a forma de obsessão pelo corpo (positiva ou negativa), de tensão, constipação... e no nível psicológico, de crispação patológica sobre posses acumuladas.

Os antigos parecem ter percebido a raiz inconsciente de tudo isso quando pediram aos seus monges que "meditassem sobre a morte" e tomassem consciência que "tudo aquilo que é composto será um dia decomposto" e, assim, tornar-se livre para com as posses terrestres. Ser avaro – acumular riquezas, guardá-las para si – é manter um "vapor" sobre o vidro da nossa existência; tudo isso não demorará a evaporar. Meditar sobre o caráter mortal de todas as formas, mas também meditar sobre aquilo que permanece, sobre o Incriado que nos habita, pois para eles trata-se de descobrir o que – no homem – tem realmente valor. "Deixar a sombra pela caça", "vender tudo que possuímos para comprar a pérola preciosa"... São várias as parábolas a este respeito no Evangelho: "Ali onde está teu tesouro, ali também estará o teu coração".

Esse tesouro é transpessoal. É a vida divina em cada um de nós. É o amor, este tesouro paradoxal "que aumenta à medida que o despendemos". Assim, para eles a avareza é uma doença grave, no sentido de que ela impede em nós a saúde do coração, ou seja, a generosidade, a comunicação e a partilha da vida. Ela sustenta em nós o medo de amar. A *philarguria* nos priva do prazer de participar da generosidade e da gratuidade (graça) divinas, pois "há mais prazer em dar do que em receber".

A *porneia*

Trata-se de um mau equilíbrio psicofísico que polariza toda nossa energia no nível genital. Isso pode levar a um certo número de pulsões que submergem a personalidade e tensões que só conseguem encontrar um exutório na masturbação. A *porneia*, em um nível mais profundo, é tratar seu próprio corpo ou o corpo do outro como uma "coisa", como uma matéria sem alma, como um objeto de prazer, e não como um sujeito de amor. Para os antigos, a castidade é muito mais do que a continência. Trata-se de uma atitude de respeito diante de si e diante dos outros; não colocar sobre eles o olhar que colocamos sobre as coisas. Apalpá-los com as mãos ou dissecá-los com o espírito é a mesma atitude. A castidade restitui ao ser pessoal seu mistério, sua alteridade não "consumível"; a pessoa é um ser de comunhão, de relação, não um ser de consumo.

Evágrio propõe um conselho prático àqueles que sofrem destas pulsões genitais dolorosas e obsessivas: beber menos, pois, segundo a medicina antiga, a excitação viria de uma umidade excessiva no corpo[81]. Além de propor o trabalho manual que leva a uma fadiga saudável, novamente ele lembrará a importância de meditar sobre as Escrituras. Devemos substituir um pensamento obsessivo por um pensamento de louvor. Nesses momentos difíceis, não se trata de deixar o espírito vazio, mas de ocupá-lo pela invocação do Nome, de um canto ou de qualquer outra oração. Aliás, a verdadeira castidade não é obtida quando temos medo de amar, mas, pelo contrário, amando cada vez mais! Ou seja, respeitando o outro, em seu caráter transpessoal, "à imagem e semelhança de Deus", em sua alteridade não redutível a nossas carências e aos nossos desejos.

Orgé

Traduzido geralmente por "cólera", "ira" ou "impaciência" – na linguagem bíblica, falaremos de *qesôr appaim* que quer, literalmen-

---

81 Cf. HIPÓCRATES. *De la génération*. T. VII. Paris: Littré, 1851, p. 470.

te, dizer: "brevidade do sopro". A ira de fato nos faz perder o fôlego; temos o sopro curto; o homem sufoca; é como se ele estivesse "possuído". Evágrio dá muita importância a este fenômeno da cólera. Para ele, talvez seja aquilo que mais desfigure a natureza humana e mais torne o homem semelhante a um demônio. Na sua Carta 56, ele é particularmente explícito: "Nenhum vício faz o intelecto tornar-se um demônio tanto quanto a cólera, devido à perturbação da parte irascível; de fato o Salmo nos diz: "sua ira assemelha-se à serpente"[82]; não pense que o demônio é outra coisa senão o homem perturbado pela ira[83]. Por outro lado, a cólera destrói o fígado, excita a bílis e torna-se particularmente perigosa se for uma "cólera engolida", não explícita; ela pode levar à úlcera. Em todo caso, nos diz Evágrio, ela não deixará de provocar pesadelos à noite e de perturbar nosso sono.

Uma das causas da ira vem da nossa dificuldade em aceitar o outro como outro, se ele não corresponder à imagem que fazemos dele – nosso espírito se irrita, o ressentimento nos corrói. É um sinal de imaturidade (cf. os ataques de raiva das crianças "que querem tudo e imediatamente"). Mas pode haver "cóleras justas" de adultos, a indignação diante de uma injustiça, por exemplo, mas o ódio está ausente e o estardalhaço que elas provocam visa despertar aqueles ou aquele a quem elas se dirigem para trazê-los de volta à "justa vereda". Para a cólera ruim que faz do homem um "alienado", quais são os remédios?: primeiro, o perdão, "perdoar-se uns aos outros por sermos apenas aquilo que somos"; e em seguida, aprender a expirar, a alongar seu sopro. Isso pode parecer um conselho ditado pelo bom-senso, mas é também um exercício espiritual. Na linguagem bíblica, para dizer que "Deus é paciente", dizemos "que Ele tem grandes narinas", que é uma imagem psicossomática que expressa sua calma e sua paciência.

---

[82] Sl 57,5.
[83] *Praktikè*. Ed. de W. Frankenberg, 1912, p. 604, 1 (Sl 57,5), 4-16.

"Não se ponha o sol sobre a vossa ira"[84]; talvez os monges antigos, antes de adormecer à noite, antes de poder perdoar seus inimigos, se entregassem a alguns exercícios respiratórios, insistindo sobre a expiração para expulsar quaisquer pensamentos de ira, alargando assim "suas narinas" para adquirir uma paciência divina...

Para Evágrio, a grande qualidade do monge é a doçura (*prautès*), ou seja, o oposto da ira. É o que distinguia Moisés e Jesus dos outros homens. Essa doçura não era moleza ou fraqueza, mas manifestação do perfeito domínio do Espírito Santo sobre a parte irascível do nosso ser, sempre pronta a irritar-se. Há uma doçura transpessoal que é mais do que uma simples gentileza de caráter: é reflexo da harmonização, pelo *pneuma*, de todas as faculdades físicas e psíquicas do homem.

Lupé

Toda forma de frustração leva, mais ou menos, a um estado de tristeza (*lupé*); ora a vida cristã é "alegria e paz no Espírito Santo". Se quisermos chegar a este estado de paz e de alegria ontológicos e não apenas psicológicos, é preciso, portanto, lutar contra a tristeza e, consequentemente, trabalhar a frustração e a "carência". Ser adulto – para os antigos – é "assumir a carência", mas a ascese do desejo concentra-se mais na orientação do que na não satisfação deste. Viver voluntariamente um certo número de frustrações de ordem material, mas sobretudo de ordem afetiva, vai aprofundar ainda mais esta carência até chegarmos a este infinito que apenas o Infinito pode preencher... "Fizeste-nos, Senhor, para ti e o nosso coração anda inquieto enquanto não descansar em ti" (Santo Agostinho).

A tristeza visita o monge quando sua memória lhe apresenta, como novamente desejáveis, os seus familiares e amigos ou as felicidades que ele deixou voluntariamente para trás... Ele sonha com uma casa, uma família, sonha sobretudo em ser reconhecido e amado... O espaço da carência e da falta é o próprio espaço do

---
84 Ef 4,26.

deserto para onde ele se retirou; mas se algumas vezes a falta for grande demais e o deserto árido demais, não estará ele correndo o risco de perder sua humanidade? Ele procurava a alegria e eis que encontra a cruz. Qual remédio será proposto à sua tristeza? Primeiro, lhe será pedido que ele reencontre "o espírito de pobreza"... Alguém rico é alguém a quem tudo é devido; um pobre, é alguém para quem tudo é dom. Nada nos é devido! Poderíamos não existir. "Que tens que não tenhas recebido?"

A amizade, a felicidade, a alegria, não nos são devidas. O espírito de pobreza não apenas deveria tornar o monge capaz de assumir as frustrações que ele suporta (e portanto tornar-se adulto), como também apreciar as mínimas coisas, na sua gratuidade... Um raio de sol, um pouco de pão e água... Pouco a pouco, ele deveria aprender o contentamento: "Deseja tudo aquilo que possuis e terás tudo aquilo que desejas!", mas este contentamento ainda não é a alegria. A alegria reside em experimentar, no mais profundo do ser, o fato de que o Transpessoal, ao qual eles orientaram o seu desejo, habita o aqui e agora: Ele É, e esta alegria ninguém pode tirá-la.

Podemos compreender que aqui não estamos mais no sensível, no afetivo ou razoável, mas no ontológico. No entanto, para os antigos, apenas quando pudermos consolidar, através do desejo, nossa alegria neste fundo ontológico, esta poderá brilhar de maneira permanente sobre os elementos espaçotemporais do indivíduo. Esta alegria não depende, portanto, das coisas externas, daquilo que nos acontece, da presença seguradora de um objeto, de uma pessoa ou de circunstâncias favoráveis; não é mais uma questão de saúde ou humor, mas de fidelidade à Presença incriada que habita todo homem. É a alegria que permanece.

Estamos aqui no Transpessoal. Esta alegria não é o regozijo ou o júbilo de um temperamento privilegiado, mas a tranquilidade profunda daquele que encontrou o outro não para suprir suas carências, mas pelo prazer de comungar com a vida que, ao mesmo tempo, os une e transcende.

A acédia

Mais triste do que a tristeza, a acédia é esta forma particular de pulsão de morte que introduz o desgosto e a lassidão em todos nossos atos. Ela conduz ao desespero, por vezes ao suicídio. Na linguagem contemporânea, falaríamos de depressão ou melancolia no sentido clínico do termo. Os antigos a chamavam ainda de "demônio do meio-dia"; eles descreveram com acuidade este estado onde o asceta, após ter conhecido as consolações espirituais dos inícios e o combate ardente da maturidade, coloca em questão todo seu caminho. Esta é a grande dúvida: Não teria ele sido abusado? De que serviu todo este tempo passado no deserto? Não há mais nenhum prazer na liturgia ou nos exercícios espirituais. Deus lhe aparece como uma projeção do homem, uma fantasia ou uma ideia secretada por humores infantis. É melhor abandonar a solidão e ser útil no mundo, "fazer alguma coisa". Algumas vezes, o "demônio do meio-dia" incitará este homem casto e sóbrio a "recuperar o tempo perdido" no campo da sensualidade ou das bebidas fortes...

Jung, em seu processo de individuação, também descreveu este momento de "crise" onde o homem, por volta dos 40 anos, questiona sua vida. É um período onde pode se manifestar com violência "o retorno do recalcado", mas este também pode ser um momento-chave para uma "passagem" rumo a uma realização superior; os valores do "ter" serão substituídos pelos valores do Ser e, de agora em diante, a vida do homem não será mais orientada a uma afirmação do ego, mas, pelo contrário, a uma relativização e integração do arquétipo da totalidade que Jung chama de Self. Este período é particularmente desconfortável. Todos os antigos apoios ou certezas nos faltam e nada ainda tomou o lugar do belo edifício desmoronado; se buscarmos ajuda ou reconforto, isso só aumentará o desespero, o sentimento de total incompreensão ao qual parecemos estar condenados. Para aqueles que são atingidos pela acédia, os Padres do Deserto aconselham orar bastante. Não há muito mais a fazer. Prescrever o trabalho manual não será de grande ajuda. No entanto, é preciso ocupar o espírito com tarefas simples. Viver no momento presente sem nada esperar, nem do passado nem do futuro. "A cada dia basta sua pena." No coração da angústia, devemos resistir. É o momento da fidelidade. Amar Deus não é mais "sentir que o amamos", mas querer amá-lo. É também a entrada no deserto da fé. Acreditamos porque "queremos" acreditar... Os socorros da razão são muletas já queimadas no fogo do cansaço e da dúvida. Este é o momento de maior liberdade, onde podemos escolher Deus ou recusá-lo...

Teria sido o "demônio da acédia" quem tomou conta de Judas ou de Pedro no momento da traição? Ele venceu Judas e o conduziu ao desespero e ao suicídio: Judas duvidou da Misericórdia de Deus... Pedro venceu em um ato de arrependimento. Ele acreditou que se "seu coração o condenava, Deus era maior do que o seu próprio coração"...

A acédia pode nos conduzir ao "inferno" no sentido de que ela nos "fecha"[85] em nós mesmos. Não há mais abertura ou brecha para o Amor. Nenhum "desejo pelo desejo do Outro".

Mais uma vez, os antigos nos lembram que esta tentação "passará"; algumas vezes ela dura mais tempo do que as outras, mas como tudo aquilo que passa, ela passará: não existe dor eterna, e aquele que se mantém firme deve saber que "este demônio não é imediatamente sucedido por nenhum outro; após a luta, advém um estado pacífico e uma alegria inefável na alma".

A *kenodoxia*

A inflação do ego é a história da rã que quer ser tão grande quanto o boi. Nós a encontramos na origem de muitas paranoias, positivas ou negativas. O "eu" acredita ser objeto de admiração ou de difamação sem que haja algum vínculo com a realidade. É pró-

---

85 Jogo de palavras em francês intraduzível para o português entre "enfer" – "inferno" – e "enfermer" – "fechar". Estar no "inferno" seria estar "fechado" em si mesmo [N.T.].

prio desta doença colocar o indivíduo no centro do mundo, como a criança que exige a atenção de todos os olhares. Tudo aquilo que acontece é interpretado com relação a si mesmo. O "eu" exige um reconhecimento absoluto no qual se enfileiram todas as carências e frustrações do seu passado. Quanto maior for seu sentimento de insegurança, mais ele precisará se vangloriar de façanhas ou relações que o confirmem em uma importância ilusória. A glória vã o torna particularmente irritável e suscetível quando a bela imagem que o "eu" tem de si mesmo é colocada em questão. Uma simples observação e ele se sente realmente perseguido; basta um leve sorriso para ele acreditar que o mundo inteiro reconhece o seu gênio.

No deserto, essas caricaturas tornam-se mais sutis, mas a raiz do mal é a mesma. O "eu" arroga-se as prerrogativas do Self; o pequeno homem toma-se por Deus; ele brinca de ser "como" Deus, que é precisamente aquilo que o impede de ser Deus e de ser ele mesmo. Evágrio nos conta que o monge atormentado pela *kenodoxia* imagina que se tornou um grande ser espiritual: Se ele acreditar na beleza das suas visões, nos seus recordes de jejum, como ele poderia duvidar da sua santidade? Logo os doentes vão vir procurá-lo, os pecadores vão bater à sua porta e apenas com um olhar ele vai convertê-los... Ele se toma pelo Cristo e é exatamente isto que vai impedi-lo de ser o Cristo, pois para ser o Cristo não devemos nos preocupar demais conosco, mas amar Deus e amar os homens como Ele os amou. Neste Amor, dizia Orígenes, é o *Logos* que se encarna novamente. Nós lhe devemos "uma humanidade de acréscimo", dirá mais tarde Elisabeth da Trindade. A *kenodoxia* torna o homem cada vez mais ego-centrado, o que o impede de tornar-se teo-centrado, ou Cristo-centrado, ou seja, de manter o Vivente, "o Ser que É verdadeiramente", como centro verdadeiro. "Não sou eu quem vivo, é o Cristo quem vive em mim", dizia São Paulo. Isso soa diferente a: "Eu Sou o Cristo". Segundo Evágrio, a *kenodoxia* também vai fazer o monge sonhar que ele se tornará "padre"; isso pode nos surpreender hoje em dia, mas, na época, o sacerdote era revestido de tal dignidade que todo monge normalmente constituído, deveria julgar-se indigno de tal graça. Querer tornar-se padre era, outrora, o cúmulo da vaidade.

O remédio para a *kenodoxia*, segundo Evágrio, pode nos surpreender: é a gnose. De fato, não há nada como o conhecimento de si mesmo para nos libertarmos das ilusões... Quem somos realmente? "O homem é como a erva: de manhã ela floresce, à noite ela murcha." O que é este mundo: "uma gota de orvalho na beira de um balde"... O conhecimento de si mesmo, o conhecimento daquilo que é, coloca o homem no seu devido lugar, em seu *status* ontológico de criatura: "O que tens que não tenhas recebido" – então, por que vangloriar-se ao invés de dar graças? A gnose é igualmente conhecimento de Deus, conhecimento do Ser, aquilo que liberta pelo discernimento do poder "daquilo que não é". "Os anjos são muito mais humildes do que os homens, pois eles são muito mais inteligentes."

A glória vã é sinal de desconhecimento não apenas de si, mas da realidade última que torna todas as outras realidades relativas. Quando, através da gnose, nos libertamos do demônio da *kenodoxia*, corremos o risco de nos depararmos com a *lupé* ou a *acédia*, pois não somos mais o que acreditávamos ser... Fazer o luto das suas ilusões não é algo que aconteça sem dor, mas é melhor isso do que ser conduzido, pouco a pouco, a esta "demência" que é a *uperephania*, pois "como o brilho do raio precede o barulho do trovão, a presença da glória vã anuncia o orgulho".

A *uperephania*

Se a glória vã era considerada pelos antigos como sinal de estupidez ou debilidade mental, a *uperephania*, ou orgulho, manifesta uma ignorância ainda mais profunda sobre a natureza humana. Em seus efeitos, a *uperephania* pode nos conduzir a uma ruptura com o real, própria dos estados esquizoides. O homem fechado em sua autossatisfação subjetiva está próximo do autista fechado no mundo das suas representações mentais sem comunicação possível com o outro.

Os filósofos, à semelhança dos monges, falavam de *hybris* ou desmedida como causa de todos os males. A *uperephania* é uma forma de "desmedida" no nível espiritual: uma criatura que não tem o Ser por si mesmo arroga-se os direitos e os poderes do próprio Criador, mas os monges não especulam sobre este assunto. Eles descrevem situações concretas: o orgulhoso arroga-se o direito de julgar seu irmão como se fosse Deus, que é o único "a sondar os corações e os rins". O orgulhoso toma-se como causa primeira de si mesmo, como se ele pudesse se dar a própria vida, insuflar seu próprio sopro... A *uperephania* vai conduzir o homem a um estado de desvario, ele vai ficar "fora de si". A palavra aqui empregada por Evágrio é *ektasis*; assim, o êxtase, na origem, poderia ser tomado em sentido negativo: a união a Deus ou a divinização (*théorisa*) não tem por objetivo colocar o homem "fora de si", mas, pelo contrário, "recentrá-lo", integrá-lo a Deus, que está, ao mesmo tempo, dentro e fora do homem. Deus é "Todo Outro" que eu mesmo e mais eu do que eu mesmo.

Os antigos observaram com frequência que, quando alguém bate ou critica um orgulhoso, este fica rápido "fora de si"; ele pode até mesmo ficar "furioso". Um homem humilde, na mesma situação, reagirá de maneira muito diferente, como se a injúria e a calúnia não pudessem atingir o núcleo pacífico do seu ser – não tendo nenhuma pretensão, o homem humilde conhece a tranquilidade, ele não espera mais do outro do que alguns sinais de admiração ou reconhecimento para ser ele mesmo. Assim, para os Padres, o grande remédio para a *uperephania* será a humildade! Eles são inexauríveis sobre os efeitos terapêuticos desta virtude. A humildade é a Verdade! É ser aquilo que somos, nem mais nem menos; nada acrescentar, nada omitir, pois há uma falsa humildade que não passa de orgulho disfarçado: considerar-se o pior, o mais infame, o maior pecador, ainda é dar importância demais ao seu pequeno "eu"; é não ter mais o olhar dirigido "àquele único que é o Ser em si mesmo". A palavra "humildade" vem de húmus, a terra. Ser humilde é aceitar sua condição terrosa, terrestre e maravilhar-se de que esta terra infinitamente frágil seja "capaz" de inteligência e amor: *capax Dei*.

Para esse "demônio" da *uperephania*, assim como para os outros demônios, os antigos recomendam a seus monges voltar o olhar para o Cristo: "o homem perfeito", o Arquétipo, o homem que nós somos em realidade, "Que, sendo em forma de Deus, não teve por usurpação ser igual a Deus, mas esvaziou-se (*eskenosen*) a si mesmo, tomando a forma de servo, fazendo-se semelhante aos homens; e, achado na forma de homem, humilhou-se a si mesmo, sendo obediente até à morte, e morte sobre a cruz... Por isso, também Deus o exaltou soberanamente, e lhe deu um Nome que está acima de todo nome" (cf. Fl 2,6-9). Trata-se sempre do mesmo processo de aniquilamento, de não apreciação, que conduz à Revelação do Nome, ou seja, à Revelação do Ser ou do "mais do que o Ser", para usarmos a mesma expressão utilizada por Dionísio[86]. É na Evacuação (*eskenosen*) ou na purificação do nosso ego que vai se revelar em nós o Espaço que contém todas as coisas.

Há vários outros *"logismoi"* que vêm atormentar o homem: o ciúme e a mentira, por exemplo, mas todos eles são mais ou menos derivados desses oito principais. Os antigos não são casuístas, mas terapeutas; a análise de todos esses males quer remontar à raiz dos sofrimentos do homem para livrá-lo deles para sempre. Como já observamos: todos esses *logismoi* são doenças do ego ou, na linguagem paulina, doenças do "velho homem". O ego que busca a segurança através do alimento (*gastrimargia*) ou pelo acúmulo de bens (*philarguria*) ou prazeres (*porneia*). O ego que se revolta quando estamos em desacordo com ele (*orgé*). O ego que fica triste quando algo lhe falta e a realidade não corresponde ao seu desejo (*lupé*). O ego que desespera (*acédia*) e delira para assegurar-se e inventa-se uma autonomia, um poder que ele não tem, pois ele não

---

[86] Dionísio o Areopagita. Cf. LELOUP, J.-Y. *A teologia mística de Dionísio o Areopagita – Um obscuro e luminoso silêncio*. Petrópolis: Vozes, 2014.

é o Ser (*kenodoxia* – *upereèphania*). A doença mental não estaria enraizada na afirmação do ego às custas do reconhecimento do Self Transpessoal que o habita?

Os monges querem substituir a atitude "ego-centrada" do homem patológico pela atitude Cristo-centrada ou teo-centrada do homem sem patologias (*apatheia*). Hoje em dia, diríamos que a psicologia transpessoal quer substituir a atitude nevrótica do homem crispado sobre as representações que ele tem de si mesmo, pela atitude aberta, não ego-centrada, que tornará o homem disponível às aventuras inspiradas da Consciência e da Vida. "Não sou apenas eu quem vivo, com minhas memórias, minhas necessidades, minhas carências, é também a Grande Vida que vive em mim, com sua plenitude, sua generosidade." Quando não somos mais ego-centrados, não somos mais escravos deste "eu" infantil que quer incessantemente ser o centro do mundo e que sofre quando este lugar lhe é recusado. O homem torna-se, então, capaz de amar e servir, sem nada esperar em troca, gratuitamente, "com graça". Não é esta a atitude "natural", não patológica, do adulto para com seus próprios filhos? É verdade que poucos hoje em dia atingem essa "maturidade". Todos nós conhecemos esses "adultos" que, no momento da aposentadoria, reclamam ainda a honra e a atenção que lhe são "devidas" e que, sem dúvida, lhe faltaram durante sua infância. Alguns chegaram à "idade da razão", poucos a ultrapassaram.

"A graça [como dizia Bernanos[87]] é esquecer-se", não mais perceber-se a si mesmo... Este "esquecimento de si" não é o resultado de um voluntarismo qualquer, mas o fruto de uma experiência do Transpessoal no coração do quotidiano. Não ver mais as coisas com relação a si mesmo restitui cada coisa na clareza da sua evidência. Isso não nos "exila" do mundo; pelo contrário, nós estamos "no

---

[87] Georges Bernanos (1888-1948), considerado um dos "monstros sagrados" da literatura francesa que escreveu, entre outras coisas, sobre o combate espiritual entre o bem e o mal [N.T.].

mundo", mas permanecemos livres para com ele e o tornamos livre para conosco, "no mundo, mas não *deste* mundo".

O estado de *apathea* que traduzimos por um "estado não patológico do ser humano" é um estado de espontaneidade, inocência e simplicidade (etimologicamente, *simplicitas* quer dizer "sem dobras", sem voltar-se para si). Ele descreve um estado de clareza da inteligência que "vê" as coisas tais quais elas são, sem projetar-se com suas memórias, suas ideias, suas ideologias (ídolos). É a consciência-espelho, estado de calma e de saúde do cérebro, dirão os neurofisiólogos. A *apathea* descreve igualmente um estado de pureza do coração, capacidade de amar quaisquer que sejam as circunstâncias; é o "amor pelos inimigos", sobre o qual fala o Cristo, ou seja, o acesso a uma dimensão de amor que não depende das circunstâncias ou de encontros favoráveis para se manifestar. É o Amor-Ser, o Núcleo indestrutível "que faz girar a terra, o coração humano e as outras estrelas". É o "sol que faz brilhar sua luz sobre os maus assim como sobre os bons", como nos fala o Evangelho (Mt 5,43-46).

Enfim, este estado de *apathea* é um estado de luminosidade e leveza do próprio corpo físico. A transparência às energias divinas, como mostra São Serafim de Sarov[88] e diversos outros sábios, dá ao corpo carnal as qualidades de um corpo de luz ou "corpo de Ressurreição". Este é o significado deste grande tema da Transfiguração e da Ressurreição da carne no cristianismo, ou seja, a possibilidade de uma participação real do nosso ser espaçotemporal à vida divina. Observamos, então, a ordem e a calma do pulsar do sangue, uma certa qualidade da tez e da gramatura da pele, uma mudança de odor (cf. o odor da santidade), o despertar dos sentidos espirituais (os olhos veem o "invisível", os ouvidos "escutam" o inaudí-

---

[88] São Serafim de Sarov (1759-1833) é um dos santos mais conhecidos e populares da Igreja Ortodoxa Russa. Viveu como monge e eremita no Mosteiro de Sarov, sendo o acontecimento mais notável da sua vida, a sua transfiguração pela luz incriada do Espírito Santo diante do seu Discípulo Motovilov. No texto, o autor faz referência a este fato ocorrido em 1830 [N.T.].

vel), sobretudo uma sensação de paz inefável... O homem sem ego tem a impressão de ser um homem pela primeira vez, realmente ocupando seu lugar no universo e, ao mesmo tempo, sem limites, poeira que dança na luz, poeira que a torna visível e que dá testemunho desta luz no espaço-tempo.

Esses sinais sensíveis do estado transpessoal não devem ser buscados por si mesmos: nós os acolhemos e os deixamos passar com gratidão. No entanto, eles lembram ao homem "normótico"[89] que "o homem supera infinitamente o homem" e que o Transpessoal não é um sonho a mais dentre os nossos sonhos; para o homem desperto o Transpessoal é, sobretudo, aquilo que chamamos de realidade (ou seja, um certo estado de consciência) e não um sonho.

Estudar os estados de consciência, mas também de corporeidade e amor "não ordinários", como fez Abraham Maslow e como faz hoje em dia a psicologia transpessoal, é restituir ao homem sua capacidade de despertar e seu direito à contemplação. Neste claro-obscuro da nossa itinerância[90] terrestre "onde o homem esconde seu nada e Deus cobre seu semblante", a psicologia transpessoal mantém o rigor lúcido da análise que arranca as máscaras, sem nos fechar nas liberdades da experiência interna, e afasta os véus, conduzindo-nos, assim, ao dia onde a máscara cairá do rosto do homem e o véu do rosto de Deus"[91] – este belo dia que já brilha em cada um além de toda noite e toda luz.

---

89 Junto à psicose e à nevrose, existe uma *normose* do homem contemporâneo: a de se conformar ao conceito ambiente de "normalidade". Essa *normose* pode ser considerada uma verdadeira doença na medida em que ela entrava o processo de evolução de um indivíduo caso ele renuncie a valores ou a uma abertura de espírito ignoradas por um meio ou por uma sociedade "castradora" da dimensão espiritual. Cf. LELOUP, J.-Y.; WEIL, P. & CREMA, R. *Normose* – A patologia da normalidade. Petrópolis: Vozes, 2011.

90 Neologismo do autor unindo as palavras "itinerário" e "errância" [N.T.].

91 Victor Hugo, apud THIBON, G. *Le Voile et le Masque*. Fayard, 1985.

VII

Claro silêncio e *Hesychia*[92] entre os Terapeutas do Deserto

O claro silêncio
É nossa verdadeira natureza
A página branca
Pura consciência
Pura presença

O que resta quando não resta mais nada, quando apagamos todas as garatujas e as santas Escrituras que preenchiam a página sempre imaculada sob a densidade desses rabiscos? Quais são os pensamentos, *"logismoi"*, que emergem deste silêncio? Pensamentos que estão na raiz dos atos, em seguida, comportamentos e identificações àquilo que é pensado, dito ou feito. Como vimos, Evágrio e Cassiano observam e analisam oito pensamentos principais que preenchem a página branca, que ocupam a consciência, perturbam o Silêncio, tomam o seu lugar.

O hesicasmo nos lembra, primeiro, o silêncio, a presença, a consciência, o estado de amor (de receptividade) incondicional que é nossa verdadeira natureza, "o homem à imagem e semelhança de Deus", "o Reino no meio de nós". A Presença da Luz incriada (a Luz do *o ôn: arché, Logos, Pneuma*) em cada um de nós[93]. O hesicasmo nos lembra, "antes de tudo", que já somos "saudáveis, salvos, curados" pelo Amor incondicional que nos faz existir e que foi manifestado de maneira única no ensinamento, na vida, na

---

92 *Hesychia*, palavra grega que vai dar origem às palavras "hesicasmo" e "hesicasta". É uma prática espiritual que busca a imobilidade, a calma, o silêncio, o repouso. É estar em paz, guardar o silêncio [N.T.].

93 Tentativa de tradução do Ser trinitário, *O Ôn*, o Ser que é arché, Origem, "Pai"; *Logos*, Informação Criadora, "Filho"; *Pneuma*, Sopro, Dom, "Espírito santo".

paixão, na morte e ressurreição de Jesus o Cristo, "Yeshua ie Messiah" – o Deus Criador e o Deus Salvador (curador) são Um nele. Primeiramente, é a isto que devemos aderir (*pistis* – crer), fazer apenas um com a presença do "Eu Sou" silencioso que nos faz ser, que nos ama e nos salva, aderir a esta vacuidade fecunda, a este abismo de generosidade que nos fundamenta e nos cura. Devemos escutar e ver, sobre este fundo de silêncio radiante, o surgimento dos pensamentos e das imagens; pensamentos e imagens positivas ou negativas, às quais teremos tendência a nos identificar se esquecermos o Silêncio de onde elas vêm. O Silêncio, que é a nossa verdadeira identidade, já que ele é a Realidade de onde venho a cada inspiração e para onde retorno a cada expiração, Presença real que está ali, antes de todo pensamento, toda representação, toda imagem de si, do outro, do mundo e do próprio Deus. A vigilância[94] (*nepsis*) proposta por Evágrio, Cassiano e todos os Terapeutas do Deserto, tem como função nos levar da dispersão para onde nos levam nossas "tarefas" à Presença silenciosa, à graça original que é a nossa verdadeira natureza (à imagem e semelhança de Deus, ou seja, à imagem e semelhança da luz incriada que dá vida, consciência e amor a tudo aquilo que existe). Este incessante regresso à página branca também se chama metanoia ou epistrophe, retorno da existência à sua essência, "anamnese essencial", volta da manifestação ao seu princípio, retorno dos nossos pensamentos à Fonte dos nossos pensamentos, dos nossos "estados de consciência" rumo à Consciência Fonte, "a Consciência mãe" ou Silêncio original. Esses pensamentos podem ser considerados como "manchas" que maculam a pureza da página branca ou como "ornamentos" que fazem vibrar a página branca. Poderíamos ilustrar da seguinte maneira a origem dos pensamentos:

---

94 Para Evágrio, essa vigilância chama-se "oração pura".

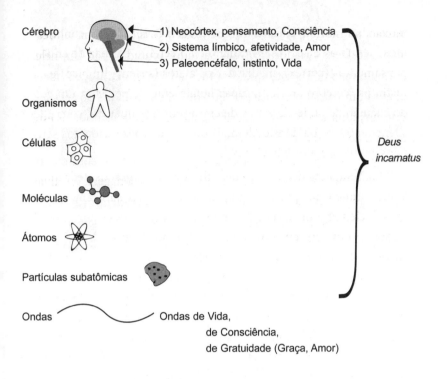

Do silêncio original – pura presença ou potencialidade, *posse*[95], saiu a energia – a onda, a primeira manifestação. As ondas que se cruzam vão dar nascimento às partículas subatômicas. Ao se intensificarem, essas partículas vão dar origem aos átomos, os átomos às

---

95 *Posse*, do latim possibilidade [N.T.].

moléculas e as moléculas às diferentes formas de vida que conhecemos, dentre as quais o ser humano cujo cérebro é capaz de emitir pensamentos (córtex), mediatizar os afetos (sistema límbico) e os instintos (cérebro arcaico), capaz igualmente de perceber um eco do silêncio de onde ele vem e de entrar em "ressonância" com este silêncio através da densidade mais ou menos apaziguada dos seus pensamentos, afetos e instintos.

Um Terapeuta do Deserto desenha sobre um grande pedaço de lençol branco um ponto negro, minúsculo, mas suficientemente visível; ele pergunta a seus discípulos: "O que vocês estão vendo?" Todos respondem em uníssono: "Um ponto negro". O ancião se surpreende: "Como é possível que todos tenham visto apenas um ponto negro ao invés de terem visto um lençol branco? Ou um lençol branco com um ponto negro?" Durante a maior parte do tempo somos sensíveis ao ponto negro, aos nossos pensamentos, às nossas representações; nós somos sensíveis às "manchas" e, entre elas, a primeira mancha, o primeiro pensamento, "a mancha original", mas nós não damos mais atenção ao lençol branco, ou seja, à graça original, ao Silêncio original.

O primeiro "pensamento", que Evágrio e Cassiano observam emergir do Silêncio, é o pensamento que vai dar origem ao apetite. "Tenho fome", "tenho sede"; do silêncio eleva-se esta primeira vibração que faz apenas um com o corpo e que é o próprio corpo. A primeira necessidade, o primeiro desejo: "tenho fome, tenho sede". Responder a essas necessidades é o que vai permitir ao corpo perpetuar-se e crescer e, enquanto ele puder se alimentar, o corpo existirá. Se ele deixar de ser alimentado, ele vai deixar de existir. Uma das nossas "manchas" originais é, portanto, alimentarmo-nos. Se quisermos passar da essência à existência é preciso alimentar esta existência e isto é bom. O que pode ser menos bom é nossa fixação no estado oral, nossa obsessão com o alimento (negativo: anorexia / positivo: bulimia); nós já evocamos este assunto no texto relativo às terapias transpessoais ou à *praktikè* de Evágrio

Pôntico. A cura desta patologia não é apenas o jejum (apesar de ser uma terapêutica particularmente interessante e eficiente se for bem exercido), nem apenas os outros meios anteriormente citados, mas a metanoia, o retorno ao silêncio do mental "antes" que os pensamentos despontem.

Esta maneira de colocar-se e de permanecer no Silêncio que vem "antes" e está "além" de todo pensamento só é possível se reconhecermos este Silêncio como Vivo, "vibrante" de uma Presença luminosa e generosa. Este Silêncio é a presença do Ser que é Vida, Consciência e Amor. Para Cassiano, Evágrio e a Tradição hesicasta, este é o Reino, a própria Presença de Deus em nós. Cada um está mais ou menos "obcecado" ou "ocupado" por esta ou aquela forma de pensamento e é, sem dúvida, salutar dedicarmo-nos a observar nossos pensamentos, observar sua aparição e o seu desaparecimento, o momento e as circunstâncias da sua vinda, mas sobretudo observar as emoções e os comportamentos para onde nos conduzem esses pensamentos. "Dominar seus pensamentos é dominar o mundo", dizem os "antigos", sejam do Oriente ou do Ocidente, e não deveríamos confiar a direção de um Estado a alguém que não consegue dirigir nem dominar seus pensamentos; este também é o bom-senso de Platão e dos filósofos. É o mais sábio, e não o mais ávido, o mais ambicioso ou o mais forte, que deveria encabeçar uma instituição ou um Estado.

Mas parece que o poder corrompe até mesmo os mais sábios: os pensamentos de vaidade e de orgulho (*kenodoxia – uperephania*) são os mais difíceis de ser curados. Assim como os outros pensamentos (*logismoi*), é interessante e talvez divertido observar que quando eles chegam, sempre percebemos uma dúvida, um medo, o medo de não ser nada, ou seja, o medo de ser o que somos. Para preencher o vazio ou esta "carência de ser", cada um procura sentir-se seguro como pode, mas sem conseguir ignorar completamente este vazio ou esta carência, pois a hora ou o tempo da verdade jamais estão longe, o Silêncio jamais está longe, ele está sempre aqui.

Por vezes, ele diverte-se com os ruídos grandiloquentes do ego que incha e "desincha" quando está dormindo. Onde está o general, onde está a "estrela montante" quando ela dorme? Podemos igualmente verificar os efeitos desta metanoia como retorno ao silêncio para os outros pensamentos (*logismoi*). Ser a testemunha silenciosa das suas cobiças (*philarguria*), dos seus desejos obscenos (*porneia*), das suas iras (*orgé*), das suas tristezas (*lupé*) e dos seus desesperos (*acédia*).

Assim, observar-se como sendo "o jogo" dos nossos pensamentos pode nos ajudar a nos tornarmos o jogador e a orientá-los de maneira diversa ou a libertarmo-nos deles de maneira cordial, mas haverá sempre pensamentos que vão, que vêm, haverá sempre manchas ou pontos negros sobre a página branca, os belos desenhos ou as caricaturas do nosso destino. Um pequeno exercício inofensivo, mas talvez eficaz, poderia ser o seguinte: para cada "pensamento" que nos obceca, encontrar o pensamento contrário; por exemplo:

Gastrimargia: consumir.	Comungar, Eucaristia.
Philarguria: possuir, acumular, ser apegado, consumir.	Generosidade, não apego, liberdade, não acumulação, comungar.
Porneia: obsessão sexual, "fornicação", reduzir o outro ao estado de objeto, consumir.	Respeito pelo seu próprio corpo e pelo corpo do outro, respeito pelo outro como sujeito, comungar.
Orgé: ira, cólera, impaciência, ressentimento.	Doçura, paciência, benevolência.
Lupé: tristeza, insatisfação.	Alegria, reconhecimento.
Acédia: depressão, desespero.	Confiança, abandonar-se, abrir-se àquilo que é maior do que si mesmo.
Kenodoxia: vaidade, inflação.	Simplicidade, reconhecimento. "O que tens que não tenhas recebido?"
Uperephania: orgulho, delírio de grandeza, tomar-se por aquilo que não somos, inflação.	Humildade, lucidez, verdade, ser aquilo que somos, nem mais, nem menos.

Dar-se o tempo para observar esses "pensamentos" e suas ações em nossas existências. Colocar os pensamentos que nós consideramos como negativos e desfavoráveis em um círculo e os pensamentos que consideramos como positivos ou favoráveis em outro círculo, um ao lado do outro, insistindo sobre aqueles que nos trazem mais "problema".

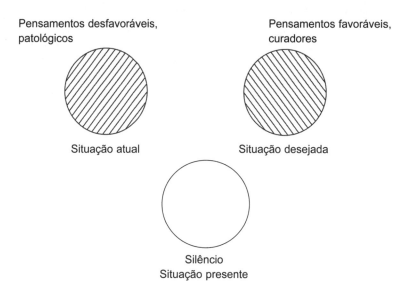

1) Colocar o dedo indicador da mão esquerda sobre o círculo "pensamentos desfavoráveis".

2) Em seguida colocar o indicador da mão direita sobre o círculo "pensamentos favoráveis".

3) E os dois polegares no círculo "silêncio".

4) Sentir cada dedo, um após o outro, em seguida os dois juntos.

5) Permanecer um instante no "antes" ou no "além" de todo pensamento favorável ou desfavorável; acolher o Silêncio.

Após alguns instantes (um ou dois minutos), os dedos podem relaxar (6) e nós poderemos apreciar, sempre em silêncio, a clareza e a paz que nos vêm deste silêncio (7).

Abrir os olhos, estar centrado e ver todas as coisas sob uma nova luz, ou seja, uma nova consciência (8)...

Durante alguns instantes, não há nem pensamentos obsessivos nem problemas, apenas hesychia, o Silêncio, a Saúde e a Paz. Por que este instante não poderia durar? O Instante eterno? A página sempre branca, nossa verdadeira natureza, nossa graça original.

VIII

Non sum, ergo sum

A mensagem, o ensinamento, a boa-nova dos grandes sábios e despertos de todos os tempos são sempre as mesmas e são de uma simplicidade fulminante: "Vocês não são o que não são, vocês são o que são". As diferentes vias, terapias ou religiões vão se organizar insistindo sobre este aspecto ao invés de insistir sobre outro: sobre o que não somos ou sobre o que somos.

"Non est" – eu não sou: nós não somos o ego, o mundo, a matéria, o mal, o sofrimento, a ilusão, o mental, as memórias, os pensamentos, os agregados etc. Libertar-se daquilo que não somos é a condição para descobrir aquilo que somos. Essas vias serão as "vias purgativas", a purificação de tudo aquilo que não é, é a condição para acesso à infinita pureza daquilo que é; outras vias darão maior ênfase ao conhecimento e à contemplação daquilo que realmente somos: a luz, a paz, a vida, a vacuidade (o espaço esvaziado daquilo que não somos). O Ser, Deus, o santo, o sagrado, o divino, o Real soberano que tem todos os nomes e que nenhum nome pode nomear, a afirmação desta Presença: "Eu Sou o que Eu Sou", podem me libertar de tudo aquilo que eu não sou e me dar acesso à Trindade íntima no coração do Real, o Ser (Pai), a Consciência (Filho, *Logos*), a Beatitude (Santo Espírito, *Pneuma*), *sat – cit – ananda*, dizem os textos sagrados da Índia.

As terapias ou métodos de cuidado, de salvação ou de libertação destas diferentes "vias", resumem-se a três denominações: primeiro, as terapias purgativas (ativas e cognitivas). Em um primeiro momento, trata-se de evacuarmos (exorcizarmos) o mal, a doença, o sofrimento, o medo, a falta (desejo), o tormento, a dúvida, a questão, para chegarmos a uma vida sem sofrimento, sem dor, sem dúvida, sem mentira, sem desejo, sem medo – nem atração nem repulsão – considerada como a vida bem-aventurada, nossa verdadeira natureza, aquilo que realmente somos. Em seguida, trata-se de, através da observação, integrar mais do que exorcizar o mal e o sofrimento, superá-los, conhecer sua causa (o mental, o ego), observar as memórias que nos constituem, o encadeamento das causas e dos efeitos, nos desembaraçar disso para nos tornarmos livres, o "liberto vivo" (*jivan mukta*) que é a nossa verdadeira natureza livre e luminosa.

Em seguida vêm as terapias iluminativas (contemplativas). Aqui, trata-se menos de lutar contra o mal do que de afirmar o bem, de lutar contra as trevas do que de afirmar a luz, de lutar contra o ego do que de afirmar o Self. Não lutar contra aquilo que eu não sou (minha sombra, meu duplo, meu ego), tomar consciência do Eu Sou o que Eu Sou (a própria presença do Ser em mim, em tudo e em todos). Afirmar, contemplar, viver nesta Presença do "Eu Sou", pode me libertar daquilo que eu não sou e daquilo que não é. Isso é viver desperto, ter saído do sono e da ilusão, é viver salvo, "salvo do inferno", da clausura no "ego" (pecado, ilusão) e dos seus "mundos" (sofrimento, impermanência) tomados como sendo a realidade.

Enfim, as terapias unitivas (contemplativas, ativas). Após termos nos purificado daquilo que não somos e termos tomado consciência daquilo que somos, é hora (*kairos*) de celebrar e colocar em "ação" aquilo que "eu sou" através do louvor e da compaixão. Podemos falar, então, de terapias "eucarísticas" (eucaristia, ou seja, "agradecer, dar graças"). O processo de cura pode igualmente começar por este tipo de terapia. Agradecer, dar graças, pela Presença do Ser que reconhecemos estar por todo lado e sempre presente. A gratidão dilata o coração e o corpo e pode nos libertar de suas diversas e pesadas couraças. Através do dom e da compaixão, é o próprio movimento da Vida que está em marcha, que circula e nos coloca em relação "unitiva" com tudo aquilo que existe.

O "Eu Sou o que Eu sou" revela-se como "Eu Sou que ama"; neste amor, tudo é respeitado em sua alteridade (sua forma) e tudo é Um.

Quando "Eu sou" ama, ele faz o que ele quer (ame e faça o que você quiser); como um sol, ele brilha "sobre o justo e o injusto". "Aquele que não ama permanece na morte." O objetivo de todas essas "vias" e terapias, não é o de "passar" daquilo que é mortal àquilo que está sempre vivo? Reencontrar em nós a capacidade de amar, de amar tudo aquilo que é, tal qual aquilo é (sem complacência, sem fatalismo), é reencontrar nossa "capacidade de Deus" (*capax Dei*). "Deus, ninguém jamais o viu", "Aquele que ama, habita em Deus e Deus habita nele". Mais profundo do que aquele que não ama em nós (o sofredor, o doente, o pecador, o ego, o mental etc.), é Aquele que ama em nós (o Self, o Ser, Aquele que tem todos os Nomes e que nenhum nome pode nominar) cuja Presença devemos descobrir. Caminhar, viver, até mesmo sofrer, morrer em Sua Presença (que não nasce nem morre) para o bem-estar de tudo e de todos.

Terapias purgativas, iluminativas e unitivas são inseparáveis e podem ser praticadas conjuntamente (mais do que progressiva ou separadamente), pois do que serve falar de contemplação do Ser e de celebração do amor, se nossas memórias, nossas atrações, nossas repulsas, nosso sofrimento nos impedem de experimentá-las?

IX

O *TETRAPHARMACON* SEGUNDO EPICURO, SIDARTA[96], FÍLON E YESHUA

Vimos que os antigos filósofos consideravam-se como terapeutas; o objetivo da sua prática e do seu ensinamento era curar ou, ao menos, aliviar o homem do seu sofrimento e permitir-lhe saborear uma vida mais justa e mais feliz. É neste contexto que algumas máximas desses filósofos serão consideradas como *pharmacoi*, medicamentos ou remédios para diversos tipos de males.

Assim, atribui-se a Epicuro[97] um *tetrapharmacon* ou remédio quádruplo:

1) Os deuses não devem ser temidos;

2) Tampouco a morte;

3) É possível adquirir o bem;

4) é possível suportar o mal.

Que pode ser igualmente formulado em um modo interrogativo:

1) Por que temer os deuses?

2) Por que recear a morte?

3) Não é fácil adquirir aquilo que existe de bom?

4) Aquilo que é penoso não é suportável?

Apesar de encontrarmos alguns elementos das máximas capitais em *Carta a Meneceu*, este *tetrapharmacon* encontra-se exposto tal qual o fez Filodemo de Gadara, nos séculos I e II a.C. em seu texto *Contra os sofistas*; ele também será encontrado gravado sobre a pa-

---

96 Sidarta Gautama, o Buda [N.T.].
97 A etimologia do nome deste filósofo é significativa: *epikouros*: aquele que socorre: *epikourein*, socorrer; *epi kouriaa*: recurso, assistência.

rede de Oenanda na Ásia Menor trezentos anos mais tarde. Cícero retomará igualmente esta fórmula mnemotécnica. Pareceu-me interessante retomar este *tetrapharmacon*, na sua formulação interrogativa, e imaginar diferentes respostas oriundas, em primeiro lugar, da filosofia antiga, particularmente de Epicuro, mas também das tradições búdicas e cristãs e, enfim, dos Terapeutas de Alexandria.

Seriam essas diferentes respostas úteis ainda hoje em dia? Enquanto não tiverem sido resolvidos os problemas do sofrimento e da morte e os enigmas da felicidade e dos deuses, nós sempre poderemos esperar alguns esclarecimentos e até mesmo algum alívio.

Por que temer os deuses?

De quais deuses e deusas estamos falando? Zeus, Apolo, Athenas, Afrodite, Hefestos, Poseidon... para Epicuro e os filósofos, os deuses da Antiguidade, com seus nomes gregos ou romanos, realmente existem. Para a maioria, eles simbolizam certas forças da natureza ou qualidades abstratas, como a justiça, a verdade, a beleza – é mais fácil honrar essas qualidades personalizando-as. Para o filósofo, não se trata de temer os deuses, já que são criações do espírito humano em seu esforço para dar sentido à sua existência e sacralizar as diferentes formas de presença que estão em obra na natureza. Se não é necessário temer os deuses, é preciso temer nossa imaginação e as representações por vezes terríveis que o homem inventa para justificar seus atos, seus humores ou sua culpa. Para Epicuro, que se apresenta como científico e racional, é preciso interessar-se mais pelos átomos e moléculas que nos constituem e não projetar demais o imaginário sobre o que era, é e sempre será matéria. Os deuses não concernem nossa vida quotidiana onde se trata de sofrer menos; deles, não há nada a esperar nem nada a temer, é preciso cultivar nosso jardim, cabe a cada um cuidar do seu fardo.

Fazer um bom uso dos deuses, para Epicuro, não é temê-los, adorá-los ou rejeitá-los, mas "assimilá-los"; suas qualidades são as mesmas que as nossas, mas "sublimadas": força, equanimidade, indiferença etc., trata-se de viver "como deuses sobre a terra". Aliás, é assim que seus discípulos o consideravam. A tradição budista e, particularmente, a tradição budista tibetana, considerarão suas divindades, "furiosas ou benévolas", como criações do espírito que não devemos temer e às quais não devemos nos apegar. O *Bardo Thodol*[98] é particularmente explícito a este respeito:

> Nobre filho, não tenhas medo algum das muito elevadas divindades pacíficas e furiosas, mesmo se elas forem grandes e vastas como o céu. Não tenhas medo algum das divindades médias semelhantes ao Monte Meru, não tenhas medo algum das menores, mesmo se elas forem dezoito vezes maiores que teu próprio corpo. Todos os fenômenos ou possibilidades de manifestação te aparecerão sob a forma dos corpos das divindades e das luzes, reconhece-os como sendo a irradiação do teu próprio espírito. Tudo aquilo que for teus próprios corpos, tuas próprias luzes, tuas próprias irradiações, fundir-se-ão para tornarem-se apenas um e tu serás Buda.
>
> Ó nobre filho, reconhece que todos os fenômenos que constatas, todas as impressões assustadoras, são tuas próprias projeções. Reconhece que a clara luz é o teu próprio conhecimento, tua própria irradiação. Se, desta maneira, obtiveres a visão penetrante, sem a mínima dúvida, imediatamente, terás te tornado Buda. Assim é, e isso acontecerá sem nenhuma dúvida. Em um instante estarás desperto. Lembra-te disso.
>
> Nobre filho, se não reconheceres e tiveres medo, as divindades pacíficas transformar-se-ão no Negro Protetor. E todas as divindades furiosas te aparecerão sob a forma do Rei da Lei (Yama, deus da morte). Assim, tuas próprias aparições te parecerão ser o diabo (Mara) e deverás errar no ciclo das existências.
>
> Nobre filho, se não reconheceres tuas próprias projeções pelo que elas são em realidade, não serás Buda, mesmo se conhece-

---

[98] Livro tibetano dos mortos [N.T.].

res todos os ensinamentos, os sutras, os tantras. Se reconheceres tudo como sendo tuas próprias projeções, com este único segredo e esta única palavra, tu serás Buda[99].

Buda é o Desperto, aquele que saiu desses universos de sonhos e pesadelos que assombram nossos dias assim como nossas noites. Não temer os deuses nem os demônios, de preferência temer nossos apegos às formas hostis ou saborosas que atravancam nosso espírito e nos escondem a visão da clara luz. O Bardo Thodol deveria ser particularmente meditado nos meios psiquiátricos, onde o sofrimento do psicótico é justamente não poder dissociar-se das imagens aterradoras ou maravilhosas que o habitam. Para a tradição tibetana, esses "deuses" podem, no entanto, ter alguma utilidade. As divindades furiosas e as visões assustadoras, pelo medo que elas provocam, podem operar um curto circuito no mental e nos projetar no presente; as divindades benévolas podem estimular nossa devoção e nossa abertura à sabedoria e à compaixão, mas todas essas imagens devem, em um momento ou outro, ser reabsorvidas no Silêncio e na clara luz, ali onde nascem os deuses (os pensamentos dos deuses), ali para onde voltam os deuses (os pensamentos dos deuses).

Na tradição de Fílon e dos Terapeutas de Alexandria, não falamos mais de deuses, mas de Deus, Princípio de tudo aquilo que existe, origem de tudo aquilo que vive e respira. Como poderíamos temer o Ser que nos faz ser? Trata-se, pelo contrário, de reconhecê-lo e honrá-lo, pois Ele é a fonte da nossa vida, da nossa inteligência e da nossa bondade. No entanto, não está escrito nos salmos que "o temor a Deus é o início da sabedoria"?

André Chouraqui[100] traduz melhor quando permanece fiel ao hebraico original: "Estremecei diante de Adonai, princípio do sa-

---

99 Cf. LELOUP, J.-Y. *Les livres des morts*. Paris: Albin Michel, 2009. • *Bardo Thodol*, p. 129-130.

100 André Chouraqui (1917-2007), advogado, escritor e político francês, traduziu a Bíblia diretamente do hebraico, mantendo-se fiel à letra, dando possibilidade àqueles que não compreendem o hebraico, de "sentir" o texto tal qual foi escrito [N.T.].

ber". Não se trata, portanto, de medo diante de uma autoridade ou de um juiz que nos ameaça, trata-se de um estremecimento, um frêmito em presença do Santo, do Sagrado, do Numinoso, sobre o qual falam R. Otto, C.G. Jung e Graf Dürckheim. Fílon teme a injustiça, a blasfêmia, a mediocridade; não é Deus quem devemos temer, mas a loucura do homem; a presença de Deus, o brilho do Ser, é talvez o que nos liberte do medo do outro homem, o medo da diferença. Existe também em Fílon aquilo que poderíamos chamar de um "temor amoroso", o medo de ferir o outro, estragar a terra, obscurecer o céu. Aquele que leva uma vida justa, por que ele temeria a justiça; aquele que leva uma vida boa, como ele temeria a Soberana Bondade?

Já existe no judeu Fílon e entre os terapeutas, as primícias do Evangelho: Aquele que ama Deus, como poderia temê-lo? A presença de Deus é aquilo que, pelo contrário, nos liberta de todo medo, é o poder todo-poderoso da alegria e da paz. Como poderíamos temer Deus no cristianismo? Yeshua nos revela, através de suas palavras e seus atos, que Deus é "Pai Nosso", Fonte de toda vida, toda verdade e todo bem, não um Deus abstrato, longínquo ou aterrorizante, mas uma Presença que nos acompanha, nos cura, nos perdoa, que está sempre "conosco" (este é o sentido do nome Emanuel: "Deus Conosco"), mesmo quando, depois de muito tempo, nós não estamos mais "com Ele". Nosso esquecimento ou nossa recusa não altera a fidelidade da sua essência, ou seja, o Dom que Ele nos faz do seu Ser e que não espera nada em troca; isso não é teoria ou discurso, mas testemunho do homem esquartejado, crucificado, aberto aos quatro ventos – talvez aquilo que nos dê mais medo seja sermos amados desta maneira, absolutamente.

Estranho paradoxo este de temer um Deus que é Amor e que nos diz ao longo do Evangelho: "não tenha medo, não tema"; quaisquer que sejam suas faltas, seu passado, seus atos, vocês são amados, infinitamente amados. "O amor expulsa o temor", dirá São João. Ao invés de incutir medo uns aos outros, ao invés de ter medo uns dos outros, "amai-vos uns aos outros" é a palavra pela qual Yeshua pensa curar a humanidade. Ele sabe que nós só temos a escolha entre o medo e o amor, a morte ou o amor. O que é mais forte do que o medo, o que é mais forte do que a morte, se não for o amor?

Contestar esta evidência pode nos impedir de viver e ser feliz. Por que temer Deus, o Ser Amor que nos liberta do temor? Deixar que Ele seja para que a vida seja possível.

Por que temer a morte?

Para Epicuro, evidentemente a morte não deve ser temida. Nisso, ele é coerente com a sua "física": nosso corpo e o corpo do universo são apenas um conjunto de átomos e moléculas que se fazem e desfazem, nós nascemos e morremos por acaso ou necessidade – porque iríamos contra aquilo que é "necessário e natural". A felicidade não é consentir com aquilo que é necessário e natural? Negar ou revoltar-se contra aquilo que não passa de um efeito da natureza só pode levar ao sofrimento. A morte é apenas um pensamento que torna desagradável o encadeamento inelutável das causas e efeitos. É preciso, portanto, velar para não entretermos este tipo de pensamento inútil, "nem natural nem necessário".

Em seguida, vem a demonstração que deve nos convencer que "a morte não existe": "Quando estamos vivos, nada podemos dizer ou pensar a respeito, já que não estamos mortos; quando estamos mortos, nada podemos falar a respeito, já que não estamos mais aqui, para pensar e falar".

Resta a morte de outrem que toca o nosso ser vivo. Epicuro nada nos diz sobre aquilo que podemos sofrer, dizer ou pensar. A morte de outro alguém faz parte dos fenômenos naturais e necessários; a observação do seu jardim, a alternância das estações lhe mostraram a lei e a via natural: tudo que floresce, fenece, tudo que tem um início, tem um fim. Por que ficar triste? Assim é. Nossas lágrimas no inverno não apressam a vinda da primavera. A vida segue seu curso, o homem é mortal; assim, tudo aquilo que é composto será decomposto, por que ficar triste ou ter medo disto?

Aliás, nossos medos e nossas tristezas nada mudam, melhor desfrutar da vida enquanto pudermos prová-la, tirar dela o máximo prazer, "*carpe diem*" – esta é a lei e a sabedoria do jardim.

A tradição budista não parece longe da atitude epicurista: "Tudo aquilo que é composto será decomposto" essas são, de fato, palavras do Buda e a "primeira nobre verdade" a ser observada; a da impermanência, da evanescência de todas as coisas. A não aceitação desta evidência é causa de todos os desejos e apegos que conduzem ao sofrimento, mas o Buda acrescenta algo que não encontramos em Epicuro: existe uma saída para aquilo que é nascido, feito, criado, composto: "Existe em nós um não nascido, não feito, não criado, não composto" que é a verdadeira natureza do homem que mais tarde será chamada "a natureza do Buda", "a clara luz" ou o nirvana. Já nesta vida, existe um acesso a este estado não temporal através da prática do Caminho Óctuplo, mas nós todos conheceremos este estado de liberdade, não medo, não desejo, não apego, assim como a clara luz que daí emana no momento da nossa morte.

Nesta perspectiva, a morte não apenas não deve ser temida, mas desejada, pois trata-se de um estado de libertação de todo sofrimento e de toda finitude. O que é a morte senão a morte daquilo que é mortal, a morte da ilusão? Neste contexto, nós não diremos: "Enquanto houver vida, há esperança", mas: "Enquanto houver vida, há ilusão", há sofrimento e medo, é o *samsara*, o ciclo e o encadeamento sem fim das causas e efeitos (*karma*), daí a importância de não estarmos apegados ao "conhecido" no momento da morte, não nos apegarmos à memória de tudo aquilo que vivemos no tempo. Devemos nos voltar resolutamente para a Fonte de toda luz e de toda existência de onde viemos e para onde retornaremos. O *Bardo Thodol* é novamente esclarecedor a este respeito:

> Nobre filho, aquilo que chamamos de morte é chegada para ti. Deves ir para além deste mundo. Não é apenas a ti que isto

acontece. É o destino de todos. Não te apegues a esta vida. Mesmo que te apegues, não tens o poder de permanecer aqui. Não te resta nada além de errar no ciclo das existências. Não te apegues. Lembra-te dos Três Raros e Sublimes.

Nobre filho, mesmo que a aparição do estado intermediário da Verdade em Si te assuste ou aterrorize, não esquece essas palavras. Vai adiante, impregna-te do significado dessas palavras. Este é um ponto-chave do ensinamento:

> Helas! Enquanto aparecer em mim o estado intermediário da Verdade em Si, e que eu tenha repelido o medo e a angústia, é preciso que eu reconheça tudo aquilo que se eleva como sendo minhas próprias projeções: a manifestação do bardo. Tendo chegado a este momento muito importante, possa eu não temer as legiões das divindades pacíficas e furiosas que são minhas próprias projeções.

À medida que essas palavras forem pronunciadas clara e distintamente, seu significado se atualiza em teu coração. Não esquece, pois, o sentido deste ensinamento: que reconheças em cada uma dessas aparições, quão horrível ela seja, a manifestação dos teus pensamentos.

Nobre filho, agora que teu corpo e espírito se separam, a verdadeira aparência da Verdade em Si se mostra para ti de maneira sutil, clara, luminosa, radiante, mesmo impressionante, semelhante ao cintilar de uma miragem sobre uma planície durante o verão. Não teme nada, não te assusta, não tende medo. É o brilho da tua própria realidade, reconhece-o. Um ruído poderoso ressoa vindo do centro desta luz. É o som da Verdade em Si, aterrorizante e vibrante como mil trovões. É o som próprio da tua própria verdade. Não deves temê-lo. Não te assustes, não tenhas medo! Dispões daquilo que chamamos o corpo mental vindo das tendências inconscientes do teu espírito. Como tu não tens mais o corpo de carne e sangue, nada tens a temer dos sons, da luz e dos brilhos que te chegam, já que não podes morrer. Apenas te é necessário reconhecê-los como manifestações das tuas próprias projeções. Saiba que é o bardo. Assim, ó nobre filho, se não reconheceres tudo isto como tuas próprias projeções, quaisquer que tenham sido as práticas que tenhas realizado durante tua vida entre os homens, se não encontrares esses ensinamentos, terás medo das luzes, ficarás assustado com os sons e aterrorizado pelos brilhos. Se não conheceres a chave das instruções, não reconhecerás os sons, as luzes e os brilhos e errarás no ciclo das existências[101].

Daí a importância para o budismo de exercitar-se, já nesta vida, através da meditação, à contemplação desta clara luz que é a nossa verdadeira natureza, assim evitando a identificação àquilo que é impermanente, o "nosso ser para a morte". Aquilo que morre no momento da morte é aquilo que pode morrer já no momento do despertar: o ego, este pacote de memórias, de pensamentos, de emoções, de atrações e repulsas, todos esses "agregados" que tomamos pela realidade, esse peso da sombra que nos oculta a Vida incriada, a luz que somos. Neste contexto, não se trata de chorarmos e lamentarmos junto aos mortos, mas acompanhá-los através da meditação em seu caminho rumo à luz, pois, neste mundo intermediário, a projeção das nossas memórias passadas pode nos fazer voltar atrás; o que podemos temer, então, é a volta a este mundo de ilusão e sofrimento. Não é a morte que devemos temer, é a não morte já que morrer é despertar e libertação. Não morrer seria comprazer-se em nosso corpo de sofrimento, e isso é um absurdo, a pior das ignorâncias para aquele que experimentou no coração desta vida temporal algumas horas, um relâmpago, um brilho fugaz do seu "corpo de diamante".

O clima do mundo semítico e bíblico em particular não parece ser tão favorável à morte; não há, de fato, nenhuma certeza a respeito, nenhuma experiência daquilo que poderia nos aguardar após

---

101 *Les livres des morts.* Op. cit. p. 93-94.

a decomposição do nosso corpo. A noção de *scheol* onde se encontram as sombras nada tem de regozijante[102]. O júbilo só se encontra nesta vida temporal, uma vida rica e feliz é a única recompensa do homem justo. Mas se a vida do homem justo é acabrunhada pela dor, se ele vive na miséria e no desespero, onde está a justiça? Isso nos fará imaginar um lugar de retribuição onde cada um "colhe as consequências dos seus atos", esboço do paraíso para os justos e os santos e do inferno para os perversos, os criminosos e os injustos.

Fílon e os Terapeutas de Alexandria não parecem muito preocupados com a morte como "descida ao *scheol*" ou como "dia do julgamento"; serão eles menos sensíveis às exigências éticas do pensamento hebraico, para ter explorado junto com os gregos as dimensões "não carnais", poderíamos igualmente dizer, "não históricas", da vida? Eles serão mais inspirados, portanto, pelo Livro da Sabedoria, atribuído ao Rei Salomão, do que pelos salmos atribuídos a seu pai, o Rei Davi. Neste contexto, o nascimento e a morte são dois momentos fortes da Vida Una e infinita, a entrada e a saída da vida vivida no tempo.

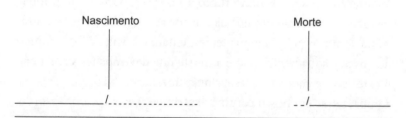

A vida infinita
O não tempo

Existe apenas a Vida una e infinita. O Livro da Sabedoria nos diz que Deus não fez a morte (Sb 1,13). A morte tal qual a experimentamos apenas entrou no mundo pela "vontade do diabo" (Sb 2,23),

---
102 Cf. Sl 115,88 ou Jó 17,13.

o que poderíamos traduzir: em Deus, Presença Infinita, Fonte de toda Consciência, Vida e Amor, não existe morte, não existem limites, é o diabo quem "criou" a morte, o diabo, o mentiroso, é "o mental", a inteligência (*noûs*) "pervertida" que se desvia da Presença infinita, é ela quem cria a morte, ou seja, a não Vida, o não Ser, a não Presença, a não Consciência. Esta inteligência pervertida pode ser convertida e no desvio sucede o retorno (*techuvá, epistrophe, metanoia*). A inteligência se volta então novamente à Presença Una e Infinita: luz, vida, amor. Se a metanoia é o caminho do céu ou o caminho do retorno rumo à presença infinita, a paranoia é o caminho do inferno, da clausura em um estado de consciência finita, limitada, é "desviar-se" da Vida una e infinita, é afastar-se do nosso eixo, da nossa natureza original. Este distanciamento, este esquecimento ou esta recusa chamam-se também, na linguagem bíblica, o "pecado" (*hamartia*: visar ao largo, errar o alvo). Viver no mental ou em nossos pensamentos é viver no tempo, no "ser para a morte"; se através da metanoia nós nos elevarmos além do mental (do *noûs*), nós estaríamos além do tempo e do ser para a morte, nós provaríamos o sabor silencioso da Vida una e infinita. Há apenas uma Vida, a que era antes do nosso nascimento, que permanece na consciência temporal e que será após a nossa morte, que é a saída desta consciência temporal. Esta Vida una e infinita não fica suspensa com nossa entrada na consciência temporal, ela está sempre aqui. Abrir esta consciência temporal pela contemplação e a metanoia à Consciência pura, é voltar à Vida una e infinita, é reencontrar nossa verdadeira natureza. A conversão ou metanoia, dirá São João Damasceno, é o retorno daquilo que é contrário à natureza para aquilo que lhe é próprio.

Para os antigos terapeutas, morrer é entrar no repouso, o grande *Shabbat*, metáfora da Vida una e infinita. É assim que morriam não apenas os filósofos, mas também os patriarcas "saciados" de dias. Não se deve ter mais medo da morte do que do sono. Após este duro trabalho, que é muitas vezes a nossa existência, quem não desejaria enfim "repousar"? Na tradição cristã também se falará de repouso e do "grande *Shabbat*" a respeito do sábado santo onde o Cristo, após sua paixão, "repousa das suas obras", mas este repouso é apenas um momento de passagem antes de entrar na Ressurreição, *anastasis*. Para o cristianismo, a morte é de fato uma "Páscoa", uma passagem desta vida temporal à Vida eterna, "passagem para uma outra frequência", diria Elisabeth Kübler-Ross[103]. Esta Vida eterna, ou Vida infinita, não é apenas a "vida após a morte", é a dimensão de eternidade que habita esta vida mortal, a dimensão do não tempo que habita o tempo, o "buraco negro" ou "o buraco branco" de onde ele nasce e onde ele é reabsorvido.

Particularmente no Evangelho de João, Yeshua afirma não apenas que Ele "tem" a vida (por um tempo, um pouco de tempo), mas que Ele "é" a vida e que aquele que acredita no "Eu Sou" que Ele é não morrerá. Isso fica bem explícito nas palavras dirigidas a Marta pouco tempo antes dele "reanimar" seu amigo Lázaro: "Eu Sou "é" a ressurreição e a vida – você adere a isso?" Ou seja, você faz apenas um com "Eu Sou" que não apenas lhe fala em sua forma encarnada, mas habita em você "mais interior do que o seu íntimo", "Eu Sou" é a Vida verdadeira, a Vida eterna. Como poderíamos, então, ter medo de morrer? Morrer é apenas a morte do eu. Sobre a cruz é o eu de Yeshua que morre, sua humanidade, sua forma espaçotemporal, mas seu Ser, "Eu Sou", está sempre vivo, e é este "Eu Sou" que poderá novamente se manifestar aos seus discípulos e àqueles que possuem "olhos para ver", mas desta vez Ele irá se manifestar não mais de maneira corporal ordinária, mas em uma corporeidade sutil.

O Evangelho de João insiste para que tenhamos, já nesta vida egocentrada e mortal, a consciência do nosso verdadeiro "eu sou", teo-centrado e não mortal; "ali onde está "eu sou", eu quero que vocês também estejam, que vocês sejam", diz Yeshua pouco antes de entrar em sua Paixão.

---

[103] Elisabeth Kübler-Ross (1926-2004), pesquisadora, psiquiatra e escritora suíça que fez inúmeras pesquisas e escreveu vários livros sobre a morte e sobre a "vida após a morte" [N.T.].

Encontramos um eco destas palavras entre os grandes sábios da Índia como Ramana Maharshi[104]. Quando lhe perguntaram: "Para onde vais depois da morte?", ele respondeu: "Ali onde "eu sou" desde sempre". Trata-se de irmos ali onde estamos, onde somos desde sempre, é como voltar a um país que jamais deixamos. É o "reconhecimento" daquilo que nos é "dado aqui", no próprio coração desta vida frágil e transitória. Poderíamos simbolizar esta visão através de um esquema próximo daquele que evocamos a respeito dos Terapeutas de Alexandria:

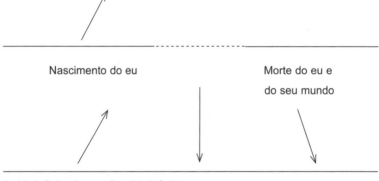

A Vida é una e infinita, e do seu fundo sem fundo emerge tudo aquilo que existe. O homem nasce e seu mundo nasce junto com ele (suas representações, conceitos, preceitos, afetos por "aquilo que é"). Este mundo do eu pode ser vivido de modo "separado" da sua

---

104 Ramana Maharshi (1879-1950), guru indiano cujo ensinamento está centrado sobre a não dualidade, a noção do Ser e a questão "Quem sou eu?" Teve considerável influência no Ocidente e é considerado um homem santo por muitos hindus [N.T.].

Fonte e do "Eu Sou" que o fundamenta, ou ele pode ser vivido na Consciência e na Presença do "Eu Sou", Ele "já está ressuscitado", Ele faz apenas um com a Vida infinita que Ele é desde sempre. Ele está "morto para si mesmo", para seus apegos e seus limites.

É esta morte a si mesmo, à sua egoidade que pode ser dolorosa, e parece que Yeshua viveu plenamente este medo: "se possível, afasta de mim este cálice"; por meio deste pedido, Ele mostra a realidade da sua humanidade e, desta maneira, Ele nos ensina a não ter medo de ter medo. O temor da morte é o medo de perder seus limites, a forma à qual nós nos identificamos. O medo diante do desconhecido é um medo legítimo, mas ele pode ser "atravessado" no abandono e na abertura "àquilo que é maior do que eu".

"Não a minha vontade, mas a tua vontade", palavras de abertura do eu humano ao Eu Sou divino. "É preciso que o mundo saiba que eu amo o Pai." O cristianismo, seguindo o exemplo do Cristo, é uma vida vivida incessantemente em relação com a Fonte (*archè*) de tudo aquilo que pensa, vive, ama e respira. Aquele que vive em intimidade com o seu princípio só teme estar separado – mas isto é impossível, a Vida é una e infinita, só podemos estar separados pelo pensamento, pelo mental (o *diabolos*, que já evocamos), mas o ser jamais está separado do Ser – senão "Ele não é mais"; "eu sou" jamais está separado da sua Fonte. Morrer é "voltar à casa do Pai", é voltar à Origem, na consciência de ser o Ser que é "o Amor que faz girar a terra, o coração humano e as outras estrelas".

A felicidade é possível?

Se não temermos nem os deuses nem a morte, a felicidade deveria ser possível – a felicidade é um estado de tranquilidade, de não medo e simplicidade. De fato, para Epicuro, a felicidade é simples: é "parar de sofrer". Não sofrer é a felicidade natural e necessária. Todo homem que sofreu aprovaria este discurso. Para outros (que sem dúvida não sabem o que é o sofrimento), parar de sofrer, como, aliás, a satisfação do desejo, é apenas o início do tédio. Epicuro não se entedia, a existência tranquila é vivida com a mais alta intensidade por aquele que é atento "àquilo que é": não ser tolhido pelo supérfluo, limitar seus desejos e até mesmo suas necessidades é, para Epicuro, aquilo que conduz ao puro prazer de existir, aqui, no presente. "Deseja tudo que tens e terás tudo que desejas", a felicidade é contentar-se com aquilo que temos, ser feliz com aquilo que somos. Nada de buscas inúteis, o que buscamos é nós mesmos e já estamos aqui, o que buscamos é o Real e o Real está sempre aqui.

Nada de questões inúteis. "O que é o Ser?" O Ser está aqui. "Por que existe algo além do nada?" Faça essa questão às árvores do jardim, elas dão seus frutos e sua sombra. Saboreie o fruto, aprecie o sabor, sente-se à sua sombra, aprecie o frescor... Trabalhamos no jardim? Sim, para obter o alimento necessário, mas não mais do que isso; trabalhamos, sobretudo, pelo prazer de cultivar, de encarar o mau tempo e de ver florescer os grãos que semeamos. Se pudermos compartilhar esta vida simples com alguns amigos, conversar com eles sobre a dança dos átomos, evocar algumas boas lembranças, desfrutar do presente e não nos preocupar com o amanhã, a escola do jardim vai estranhamente se assemelhar ao paraíso (*pardès*). Para aquele que é sóbrio, a felicidade é possível...

Tanto para o budista quanto para o epicurista, a felicidade possível é, antes de tudo, parar o sofrimento – "Eu vim apenas para ensinar a dar um término ao sofrimento", disse o Buda. Se uma flecha atingir suas costas, você não vai perguntar primeiro quem lançou a flecha, qual a sua velocidade ou a natureza do veneno que penetrou em você. Você vai tirar a flecha, em seguida, o veneno, e vai cuidar da ferida. Da mesma maneira, não acumule questões inúteis e veja o que pode ser feito para aliviar seu sofrimento.

A ordem proposta pelo Buda aos seus discípulos é, antes de tudo, "a Via do meio"; é preciso evitar duas atitudes extremas: dedicar-se às mortificações ou cultivar os prazeres dos sentidos. O instrumento de música cujas cordas estão retesadas demais produzem apenas chiados, e aquele cujas cordas estão frouxas demais não emitem som algum; essas imagens nos convidam a encontrar em todas as coisas e em todas as situações a "atitude justa", "nem demais nem de menos". "Nada demais", dizia também Sólon, o sábio mítico da antiguidade grega. Tendo feito a experiência dos prazeres dos sentidos e da ascese mórbida, Sidarta é a pessoa apropriada para indicar o caminho do meio que pode nos conduzir à tranquilidade e a este conhecimento supremo que ele chamará de Despertar ou, em pali, Nibbana (nirvana); o caminho é aquilo que ele chamará de Caminho Óctuplo:

1) compreensão justa;

2) pensamento justo;

3) palavra justa;

4) ação justa;

5) meio de existência justo;

6) esforço justo;

7) atenção justa;

8) concentração justa.

Percorrer este caminho é aplicar os remédios que curam o desejo ávido e as emoções negativas decorrentes da ignorância da nossa verdadeira natureza. Ele conduz à vida bem-aventurada, livre do fardo das fixações egocêntricas. Desta maneira, a felicidade é possível, pois a atenção é possível, a meditação também, mas sobretudo porque a felicidade é nossa verdadeira natureza, é a nossa natureza de Buda, nosso "Ser desperto". Saber que estamos despertos basta para sermos despertos? Saber que "no fundo" somos felizes, basta para sê-lo? Sem dúvida, não basta saber, nem crer, nem imaginar. É preciso ser e deixar ser esta felicidade infinita que é também Consciência infinita, compaixão infinita – Como? Seja por uma via direta (entrega) ou uma via progressiva (Caminho Óctuplo), isso põe em relevo nossa mais íntima convicção, *posse*[105], você pode.

---

[105] O autor utiliza a palavra latina *posse* para afirmar que há a possibilidade de ser [N.T.].

Você pode ser feliz, nada nem ninguém pode impedi-lo. Você pode ser o que é, nem a doença nem a morte podem impedi-lo de ser. Esta felicidade, esta realização profunda, estão "fora do tempo", é "o não nascido, não feito, não criado" que já evocamos, é o céu vasto, sempre puro, sempre aqui, quaisquer que sejam as nuvens e as tempestades que "o ocupam" e o "preenchem" momentaneamente.

Para Fílon de Alexandria e os terapeutas, não se alcança a felicidade possível através do Caminho Óctuplo, mas através dos dez exercícios ou mandamentos propostos por Moisés. Para um judeu, viver segundo a Torá pode nos conduzir à felicidade; esses dez exercícios têm um paralelo com as oito atitudes justas propostas pelo Buda. Trata-se da mesma atenção às nossas palavras (não mentir), nossos comportamentos e nossas relações com o outro (honrar seu pai e sua mãe, não matar, não roubar, não cobiçar). Não fazer imagens ou representações do Absoluto (ídolos) – isso não seria também a adoração, a meditação ou a concentração "justas"?

De fato, a felicidade na Bíblia é o perfume que emana do "homem justo": não há felicidade sem "justeza" e justiça, tampouco há felicidade sem compaixão – Como poderíamos ser felizes se nosso próximo sofre? Para os terapeutas, a felicidade seria, portanto, não apenas meditar a Torá e contemplar as maravilhas de Deus na Criação, mas também servir e cuidar. A vida simples que eles levam também nos remete à vida levada no jardim de Epicuro, mas talvez eles coloquem maior ênfase sobre o simples prazer de existir e sobre estar "com", "ser um com" Deus por meio da oração, a bênção e o louvor; ser um com o próximo pela amizade, a atenção e o cuidado; ser um com o céu e a terra pela ordenação, conservação e a cultura do seu meio ambiente. A felicidade está na harmonia ou na harmonização de todos os elementos do composto humano – o corpo, a alma e o espírito –, mas também na harmonia de todos os níveis de realidade. A harmonia dos corações pode responder à harmonia das esferas. A felicidade é total ou ela não é, mas nós já podemos saborear o possível do impossível.

No cristianismo, enquanto for possível amar, a felicidade é possível. Para Jesus, a Torá resume-se a um grande exercício de Amor por Deus e de Amor ao próximo, seja amigo ou inimigo. Basta amar para ser feliz? Aqueles que amam e aqueles que não amam conhecem a resposta. Para aqueles que não amam, "o inferno são os outros"[106], para aqueles que amam, eu não diria de imediato que "o paraíso são os outros", mas "o Real são os outros" e amar o Real é a chave para a nossa "realização": aquele que mais ama, "existe mais", ele está mais vivo. Aquele que ama absolutamente (infinitamente), existe absolutamente (infinitamente), ele está feliz absolutamente (infinitamente). No cristianismo, não buscamos a felicidade por si mesma, ela é um efeito, uma consequência do nosso amor ou da graça de ser.

O desejo grande demais de chegar ao prazer, assim como o medo de não alcançá-lo, por vezes impede o prazer, o prazer é dado a título de efeito, como "por acréscimo", espontânea ou gratuitamente. O desejo grande demais, tanto quanto o medo do orgasmo, impede de alcançar o orgasmo. O desejo grande demais "de fazer o bem", assim como o medo de não conseguir fazê-lo, impede que "façamos o bem". Desta maneira, nosso desejo grande demais de ter êxito, assim como o medo, podem nos conduzir ao fracasso. Nosso desejo grande demais de Deus ou do Absoluto, assim como nosso medo ou nossa recusa, nos impede de vê-lo aqui, presente, e de encontrá-lo em tudo e em todos.

Em um estado livre de desejo e medo, nós descobrimos que tudo nos é dado. É quando o Buda cessa de buscar e de desejar o Despertar que ele desperta; é quando Jesus se vê "abandonado" pelo Pai que Ele está mais próximo dele, um com Ele: "Por que me abandonaste? – Mas Tu estás sempre comigo". É quando Mestre Eckhart "deixa Deus por amor a Deus" que Ele se torna Deus, Ele se torna o Ser que Ele é desde sempre. O desejo grande demais de

---

106 "O inferno são os outros" (*l'enfer c'est les autres*): famosa frase do filósofo francês Jean-Paul Sartre (1905-1980) [N.T.].

curar nos impede por vezes a cura, não se trata de "querer" ou não querer a cura, mas de deixá-la ser e vir.

O desejo grande demais de morrer, assim como o medo de morrer, nos impedem de morrer de maneira feliz, em boa hora. "Saciado de dias" (cada um segundo seu apetite), o desejo e o medo, a atração e a repulsa, mas também a indiferença, nos impedem de saborear aquilo que é e aquilo que somos, "aqui, assim". "Aquilo que está aqui, assim", no cristianismo não é apenas a felicidade como qualidade do Ser, mas o próprio Ser Bem-aventurado. Deixar ser a presença do Ser bem-aventurado em nós, a presença do "Eu Sou" ou do Cristo interior, não é impossível. É sempre possível abrir-se àquilo que é maior do que eu, àquilo que é mais feliz...

É possível suportar o sofrimento?

Para Epicuro, primeiro é preciso fazer de tudo para evitar o sofrimento, isso supõe um lugar de vida afastado de toda forma de poluição ou problemas, à parte das cidades. Para ele, o jardim parece ser o lugar ideal, uma natureza acolhedora, um clima temperado. As cercanias de Atenas são propícias a tudo isso, nem quente demais, nem frio demais, nem árido como o deserto, nem luxuriante como a floresta tropical. Não é nem o Polo Norte nem os trópicos; Epicuro só poderia ser mediterrâneo. A esta graça ou dom da natureza é preciso acrescentar uma higiene corporal, uma dietética que afaste todos os excessos (nem gordura nem álcool) e muitos males já serão evitados. Apesar deste regime sóbrio e saudável, Epicuro não será poupado de gota e de outras doenças que ao longo de toda sua vida abalarão sua constituição raquítica.

O grande remédio do filósofo é, então, a paciência e a sabedoria de não acrescentar sofrimento à dor, ou seja, queixa, culpa ou revolta. "Não acrescentar" é não acrescentar pensamento à dor, mas suportá-la estando completamente presente, como a criança ou como o animal. Tampouco servir-se do pensamento para fugir; "não pensar nisso" ou "pensar em outra coisa", quando a dor está presente, é impossível. Tudo aquilo que é, é suportável, e se for insuportável, a morte poderá vir nos libertar. Dar um fim ao mal não pode ser um mal. Eutanásia quer literalmente dizer a morte (*thanatos*) feliz (*eu*), a boa morte que dá um fim à vida quando não há mais prazer em viver. Enquanto esperamos se vamos sofrer, vamos sofrer "bem". Isso não quer dizer "com prazer" (Epicuro não é masoquista), mas com dignidade, exatamente como um filósofo, não como um filósofo platônico que, através da grandeza do seu espírito, se arrojaria sobre os males transitórios do seu corpo; mas como o corpo, consciente da rosa que ele abraça, ele a acolhe, com seu perfume e seus espinhos. À diferença dos estoicos, Epicuro não abençoa as provações como ocasião para crescer, tampouco as amaldiçoa, isso faz parte da condição humana e não é o único assunto de conversação entre amigos. Ele morreu tomando seu banho e, ao invés de queixar-se, ele evocou algumas boas lembranças. Para ele, o futuro e a morte não existem, ele não tem nada a desejar, nada a temer, o sofrimento é reduzido a algumas breves ou longas dores, nada demais, nada a mais.

Encontramos entre os budistas esta atitude familiar aos filósofos: não podemos alterar os acontecimentos, podemos alterar nossa maneira de vivê-los; o espírito analítico do budismo visa, antes de tudo, conhecer as causas do sofrimento (*dukkha*): o apego e o desejo (*tanha*). "Tudo é sofrimento": estar unido àquilo que não amamos, estar separado daquilo que amamos, a impermanência de nossos humores, dos nossos pensamentos... Esta "impermanência" em si não é nem boa nem ruim, ela é o que ela é, um fato, uma evidência. É a nossa recusa da impermanência que cria o sofrimento, querer fazer durar o que não foi feito para durar. Tudo não passa de agregados que incessantemente se fazem e se desfazem; o que eu chamo de "eu" é a fonte de toda ilusão e todo sofrimento. Quem sofre quando eu sofro? Se eu realmente me colocar esta questão, jamais encontrarei este "eu" que sofre, eu descubro um corpo, um órgão, um humor, um tumor que também não tem realidade própria e que muda incessantemente. Essa não identificação a um eu que sofre parece manter o mal afastado, ele não tem suporte para conservá-lo. Não basta dizer "eu" não sofro, pois "eu" não existo, ainda é preciso experimentar em nós mesmos "aquilo que não existe", essa vacuidade, este espaço livre de todo pensamento, de toda representação e identificação e, portanto, de todo sofrimento. É a meditação que torna o acesso a este "espaço" possível, este "não tempo" onde os fracassos e os despedaçamentos da nossa história pessoal ou coletiva não podem penetrar. Refugiar-se neste lugar de nós mesmos que, assim como o sono profundo, é estranho à dor, é o que chamamos novamente de "reconhecer nossa natureza desperta" ou natureza do Buda. Isso poderia nos tornar insensíveis e indiferentes aos sofrimentos do mundo e aos frutos da ignorância (*avidya*) como sendo ilusões. Pelo contrário, para o bodhisattva, isso desperta discernimento e compaixão. Enquanto um único ser sofrer, encadeado ou melhor, identificado ao encadeamento das causas e efeitos (karma e *samsara*), sua beatitude (nirvana) e seu despertar (*moksa*) não estão completos. Por meio do ensinamento e do serviço, ele deve ajudar todos os seres vivos a encontrar sua verdadeira natureza, pura e imaculada, a clara luz sem a sombra de um eu. É possível suportar o sofrimento porque ele passa, ele dura o tempo de uma miragem, de uma ilusão, ele não existe realmente, apenas o nirvana existe. Mas os mais avançados dizem que enquanto o nirvana opor-se ao *samsara*, nós estamos no pensamento, no eu. Se o mental se calar, não há mais nem eu nem não eu, nem ser nem não ser, nem sofrimento, nem beatitude, nem nirvana, nem samsara, não há mais haver, apenas permanece "aquilo que é como isto é", *thata*, e essa é a realidade daquele que "foi" além, para o além (cf. *prajanaparamita*), o *tathagata*, "Aquele que é assim".

Para os Terapeutas de Alexandria, em um primeiro tempo, não se deve fugir, tampouco sublimar o sofrimento; devemos evitá-lo ou nos "desidentificarmos"; ele está sempre presente – trata-se, então, de aceitá-lo e fazer dele uma "ocasião" (*kairos*) de lucidez, de conhecimento de si mesmo e de crescimento. Sua atitude está mais próxima da dos estoicos que dos epicuristas, ela também está em ressonância com a atitude dos profetas que veem na provação um "sinal" de Deus que nos educa e que, através da dor do momento, nos conduz a um bem maior. Alguns dirão que aquele que não sofreu não pode ser um homem, ele nada conhece da verdade da vida. Os Terapeutas de Alexandria poderiam estar muito próximos de Khalil Gibran[107] e do seu "profeta" que é também um "filósofo", encontro feliz entre a sabedoria semita (árabe) e a sabedoria grega:

> Assim como a semente da fruta deve quebrar-se para que seu coração apareça ante o sol, deste mesmo modo deveis conhecer a dor. Se vosso coração pudesse viver sempre no deslumbramento do milagre quotidiano, vossa dor não vos pareceria menos maravilhosa que vossa alegria. E aceitaríeis as estações de vosso coração como sempre aceitastes as estações que passam sobre vossos campos; e contemplaríeis serenamente os invernos de vossa aflição. Grande parte de vosso sofrimento é por vós próprios escolhido: é a amarga poção com a qual o médico que está em vós cura o vosso Eu-doente. Confiai, portanto, no médico, e bebei seu remédio em silêncio e tranquilidade...[108]

Para os estoicos, os terapeutas, os profetas e os sábios bíblicos, o sofrimento, se ele não for procurado por si mesmo, não passa de negação; ele é a verdade (a alteridade) à qual nos colocamos à prova – o sofrimento abre por vezes as portas ao Desconhecido. Há lugares de nós mesmos que não existem enquanto as lágrimas ali não tiverem penetrado, sejam lágrimas de sofrimento ou amor, e estas, por vezes, fundem-se, como veremos no cristianismo.

---

107 Khalil Gibran (1883-1931), poeta e pintor libanês. Sua obra-prima *O profeta* (publicada em 1923) tornou-se um clássico da literatura universal [N.T.].
108 GIBRAN, K. *O profeta*. Associação Cultural Internacional Gibran, 1980.

Os Terapeutas de Alexandria também estão à escuta dos anjos; este é, junto com os "sonhos", um dos temas mais desenvolvidos por Fílon; infelizmente diversos manuscritos sobre este assunto desapareceram. Encontraríamos, talvez, um eco naquilo que dizem os anjos de hoje àqueles que se preparam para entrar nos campos da morte[109].

> Nas profundezas do coração
> a aurora nasce lentamente
> dentro, nós já a vemos,
> fora, vós vedes apenas o sofrimento
> da terra.
> Existe apenas um sofrimento
> "Estar fora"
> as trevas só existem do lado de fora
> dentro, isso não é possível
> o barulho só existe do lado de fora
> mas dentro nasce o silêncio.
> O tempo só existe do lado de fora
> e é do lado de dentro que ele cessa.
> A morte existe apenas do lado de fora
> e é dentro que está a vida.
> A alma erra apenas do lado de fora,
> Dentro, seu ninho é eterno.

Para o cristianismo, o Reino de Deus está "dentro e fora". É como se disséssemos que o sofrimento humano e a beatitude divina não estão separados, como as duas naturezas na pessoa viva do Cristo. O Evangelho de Tomé nos parece, a este respeito, mais "ortodoxo" do que os evangelhos canônicos onde nos é dito que o Reino está "dentro de nós":

---

[109] Cf. MALLASZ, G. *Diálogos com os anjos*. Estrela Polar, 2006. O livro foi escrito durante a Segunda Guerra e é composto por mensagens enviadas por anjos a quatro jovens húngaros (entre eles Gitta Mallasz, autora do livro).

Logion 3

Disse Jesus:
Se vossos guias vos afirmarem.
eis que o Reino está no céu,
então, as aves estarão mais perto do céu do que vós;
se vos disserem:
eis que ele está no mar,
então, os peixes já o conhecem...
Pelo contrário, o Reino está dentro de vós
e também, fora de vós.
Quando vos conhecerdes a vós mesmos, então sereis conhecidos
e sabereis que sois os filhos do Pai, o Vivente;
mas se não conhecerdes,
então, estareis na ilusão,
e sereis ilusão[110].

Antes de definir o que é o Reino, convém nos colocarmos a questão: "O que reina sobre nós?" – nosso passado, nosso inconsciente, nosso meio ambiente, uma paixão ou uma ideia qualquer? O Reino é o Reino do Espírito em nós, em todas as nossas faculdades; não é mais apenas o nosso ego com suas memórias, seus temores, seus desejos que reinam sobre nós, é o próprio Espírito do Vivente que nos anima. Este *logion* nos indica que o Reino, a Presença do Espírito de Deus em nós não deve ser buscada apenas no interior ou apenas no exterior; ele nos convida a sairmos da dualidade que é o clima da nossa consciência ordinária. O clima dualista das oposições, dos conflitos, das exclusões... Conhecemos, por exemplo, as dificuldades que pode criar uma frase como: "Fora da Igreja não há salvação"; existem aqueles que estão fora e aqueles que estão dentro e quando o termo "Igreja" é tomado no sentido institucional, isso faz com que muitas pessoas estejam "fora", há muitos inaptos à salvação... Santo Agostinho pressentia os limites desta linguagem

---

110 Cf. LELOUP, J.-Y. *O Evangelho de Tomé*. Petrópolis: Vozes, 1997.

dualista quando afirmava: "Há muitas pessoas que, dizendo-se na Igreja, estão em realidade fora dela, pois elas não praticam o amor e a vida do Cristo, e muitas pessoas que dizemos estar 'fora', estão na realidade no coração da Igreja, pois elas praticam o amor e a vida do Cristo". Aliás, toda exterioridade é uma interioridade, aquilo que está fora de nós está dentro de um espaço mais vasto. Uma casa está no "interior" de uma cidade que está no interior de um país etc. e toda interioridade é habitada pelo externo, seja nossa respiração, nossos pensamentos (as palavras, os ditos dos outros), nossos desejos íntimos ("O homem é desejo do desejo do outro") etc.

Pressentimos a sabedoria desta linguagem não dual: se o Evangelho dissesse apenas: "O Reino está no interior de vós", privilegiaríamos as experiências, as meditações internas. Seria, então, preferível fugir do mundo, fechar os olhos àquilo que nos cerca. A felicidade seria apenas espiritual, nós estaríamos separados da nossa metade carnal. A matéria, o mundo, os outros, não passariam de tentação e ameaça rondando em torno do nosso ser essencial. Se o Evangelho dissesse: "O Reino está no exterior de vós, é o vosso próximo, é a transformação do mundo", então seria um pecado nos sentarmos, fazermos silêncio e escutarmos o Vivente que canta nos corações... Ora, o Evangelho nos diz: O Reino não fará de vós esquizofrênicos, "ele está no interior de vós e ele está no exterior de vós". Não devemos fazer oposição, devemos manter unidos o que está dentro e o que está fora. Não é tão fácil assim, mas dá superfície e profundidade a todas as coisas. Isso transforma o olhar. De agora em diante é preciso "ver" o dentro e o fora de tudo aquilo que encontrarmos. Antes de tudo, respeitar a pele, a forma, as particularidades daquilo que nos cerca, a Presença do Ser está aqui. Não se trata mais de fechar os olhos às aparências, mas tampouco devemos nos fechar nas aparências. Tentar sentir a interioridade de tudo aquilo que existe, sua profundeza, ver tudo que é invisível no visível, tudo que há de silencioso na palavra que escutamos, tudo que há de impalpável naquilo que tocamos... Essa atitude desenvolve um estado de despertar particular no quotidiano. "Nossa ascese é a conformidade; o milagre é o nosso pão de cada dia", dizem os gnósticos.

Quando escutamos uma música e um certo silêncio se faz em nós, o silêncio, o som, não se excluem. Pelo contrário, eles vivem suas bodas. É um momento de Reino, de Presença total. Tocar alguém com amor, com interioridade, é algo ao mesmo tempo muito sensível e muito sensual; no entanto, uma outra dimensão pode estar presente. "Aquele que é carnal, é carnal até nas coisas do Espírito; aquele que é espiritual é espiritual até nas coisas da carne", dizia ainda Santo Agostinho.

Amar seu próximo como a si mesmo, como se ele pertencesse ao interior de si mesmo e, no entanto, não "reduzi-lo a si", essas são as condições da alteridade e da identidade; da unidade e da diferença. Se não houvesse qualquer alteridade-exterioridade, não haveria comunhão possível. Permaneceríamos na separação, na incomunicabilidade. Se houvesse apenas identidade-unidade, estaríamos perdidos na confusão e na mistura. A diferença é o próprio espaço para que a relação seja possível. "Se eu não fosse outro que você, como eu poderia amá-lo e ir mais longe do que eu?"

Assim, trabalhar para a vinda do Reino de Deus é, em um duplo movimento, interiorizar todas as coisas, espiritualizar a matéria, mas é também exteriorizar, manifestar o Espírito que nos habita, encarná-lo no espaço e no tempo, na sociedade, nas nossas situações de vida. O Reino não está nem no alto, nem no baixo, nem à direita, nem à esquerda, nem dentro, nem fora... Há a altura, a profundidade, a largura, a densidade, o fora, a interioridade, a exterioridade. Ele é a totalidade daquilo que é e daquilo que somos.

O gnóstico é o homem inteiro que não exclui nenhuma parte de si mesmo. Este é o conhecimento verdadeiro de si, que não é apenas conhecimento da alma ou de um "pequeno eu" fechado em um "saco de pele", mas tomada de consciência de todas as dimensões do nosso ser. Nesta tomada de consciência, nós descobrimos "que somos conhecidos", é disso que nos fala a segunda parte deste *logion*: no mais íntimo de nós mesmos, no próprio movimento de integração de tudo aquilo que somos, nós descobrimos o Outro que nos fundamenta (novamente, nós descobrimos o exterior no interior, desta vez, de um ponto de vista metafísico). Assim, conhecer-se é descobrir-se conhecido. É descobrir que em todo ato de conhecimento há participação a uma Inteligência que se comunica através de nós e que nos faz participar da sua Luz. Amar é descobrir que somos amados. É descobrir que em todo ato de amor há participação a um Amor que se dá a nós, que nos permite participar da sua Vida. É neste sentido que São João poderá dizer: "Quem ama permanece em Deus e Deus permanece nele, pois Deus é Amor". É sempre uma graça poder amar, mesmo que seja um cachorro ou uma flor... "O inferno é não amar", não mais poder amar. Conhecer-se, conhecer que somos conhecidos, é também descobrir-se engendrado, filho do Vivente, chama do Fogo, filho do Vento. Não se conhecer é passar ao largo de si mesmo, é faltar-se a si mesmo e é estar na ilusão, no vazio, no vapor, um sopro que se apaga, é ser vaidade.

Tanto no cristianismo quanto no judaísmo, o sofrimento não tem apenas um caráter negativo, mas tampouco é uma escola de resistência e de conhecimento de si mesmo, ele pode ser também experiência e dom do amor. *O profeta*, de Khalil Gibran novamente expressa bem este pressentimento:

> Quando o amor vos chamar, segui-o, embora seus caminhos sejam agrestes e escarpados: e quando ele vos envolver com suas asas, cedei-lhe, embora a espada oculta na sua plumagem possa ferir, e quando ele vos falar, acreditai nele, embora sua voz possa despedaçar vossos sonhos como o vento devasta o jardim. Pois, da mesma forma que o amor vos coroa, assim ele vos crucifica. E da mesma forma que contribui para vosso crescimento, trabalha para vossa poda. E da mesma forma que alcança vossa altura e acaricia vossos ramos mais tenros que se embalam ao sol, assim também desce até vossas raízes e

as sacode em seu apego à terra. Como feixes de trigo, ele vos aperta junto ao seu coração. Ele vos debulha para expor vossa nudez. Ele vos peneira para libertar-vos das palhas. Ele vos mói até a extrema brancura. Ele vos amassa até que vos torneis maleáveis. Então, ele vos leva ao fogo sagrado e vos transforma no pão místico do banquete divino. Todavia, se no vosso temor, procurardes somente a paz do amor e o gozo do amor, então seria melhor para vós que cobrísseis vossa nudez e abandonásseis a eira do amor, para entrar num mundo sem estações, onde rireis, mas não todos os vossos risos, e chorareis, mas não todas as vossas lágrimas. O amor nada dá senão de si próprio e nada recebe senão de si próprio. O amor não possui, nem se deixa possuir, pois o amor basta-se a si mesmo. Quando um de vós ama, que não diga: "Deus está no meu coração", mas que diga antes: "Eu estou no coração de Deus". E não imagineis que possais dirigir o curso do amor, pois o amor, se vos achar dignos, determinará ele próprio o vosso curso. O amor não tem outro desejo senão o de atingir a sua plenitude. Se, contudo, amardes e precisardes ter desejos, sejam estes os vossos desejos: de vos diluirdes no amor e serdes como um riacho que canta sua melodia para a noite; de conhecerdes a dor de sentir ternura demasiada; de ficardes feridos por vossa própria compreensão do amor e de sangrardes de boa vontade e com alegria; de acordardes na aurora com o coração alado e agradecerdes por um novo dia de amor; de descansardes ao meio-dia e meditardes sobre o êxtase do amor; de voltardes para casa à noite com gratidão; e de adormecerdes com uma prece no coração para o Bem-amado e nos lábios uma canção de bem-aventurança.

Mas, contrariamente ao que pensamos por vezes, o cristianismo não faz apologia do sofrimento e não sacraliza a dor. A este respeito, não devemos ser mais realistas do que o rei. Se o Cristo pede "afasta de mim este cálice", nós podemos legitimamente pedir que sejamos poupados do sofrimento e, igualmente, fazer tudo para poupar o sofrimento aos outros. Jesus não faz sermões aos doentes para que eles não se apiedem do seu destino, Ele os cura, mas, de fato, Ele não cura todos eles. E quando para Ele é chegada a hora da agonia, após ter pedido o seu afastamento, Ele a aceita, e faz dela uma ocasião para unir sua vontade humana (sã e sem complacência para com o sofrimento) à vontade divina. Essa vontade divina, é a do Todo Outro Amor ou do fogo alquímico capaz de transformar o chumbo mais pesado no ouro mais sutil. Não é este o gênio do cristianismo? Mesmo o sofrimento, mesmo a morte e toda negatividade, podem ser transformados pelo Amor, assim, "tudo foi realizado", tudo foi aceito, assumido, não há mais nada de humano ou terrestre que não tenha sido "realizado" e transformado pelo amor. Não há nada do qual devamos fugir, tudo é para ser vivido e amado.

Tudo que não é aceito, não é transformado. Tudo que não é assumido, não é divinizado. Se o Cristo não tivesse suportado o sofrimento e a morte, estes não seriam caminhos para a Ressurreição, eles permaneceriam "fora" da eternidade e da luz. O cristianismo não é apenas o cristianismo da Sexta-feira e do Sábado santos, o cristianismo da cruz e do túmulo, ele é o cristianismo do Domingo de Páscoa. O amor do humilde e soberano Amor, a única realidade que é mais forte do que o sofrimento e a morte. A dor, o sofrimento, o mal, a infelicidade, para responder ainda à questão do *tetrapharmacon*, são suportáveis, se for a paciência que as portar (a paixão), se for o amor que as portar, e esta paciência e este amor, é aquilo que em mim é maior do que eu, é a Presença do "Eu Sou", o Ser Que é o Que Ele É.

A presença do Bem-aventurado, o mais divino de todos nossos deuses, o mais humano...

X
DASEIN[111]-ANÁLISE E ONTO-TERAPIA

Para a *Dasein*-análise, a doença é perturbação do meu ser aberto ao mundo (*Dasein*). Poderíamos especificar a expressão dizendo que se trata de estar "aberto ao outro", seja o meio ambiente, uma outra pessoa ou o Desconhecido, o possível e o impossível. Trata-se de uma perturbação consciente "e" inconsciente da presença, como estar em relação. A análise das causas desta perturbação é variada, e varia de acordo com a antropologia do terapeuta. Se o homem é um "ser de pulsão" (Freud), tudo se explica pela resistência ou pelo recalque das suas pulsões. Se o homem é um "ser capaz de sentido" (Frankl), tudo se explica pela perda de sentido que damos à existência e à "tarefa" que podemos realizar ao longo da existência. Se o homem é um ser capaz de vontade e de vontade de poder (Adler), tudo se explica pela carência ou deficiência desta vontade de viver e dominar. Se o homem é um ser de linguagem e de palavras, a perturbação se explica pela ausência de "palavras para dizer" – expressar-se em uma língua e em uma linguagem que nos são próprias pode ser fonte de cura.

Se o homem é um ser de relação, a doença não é apenas o resultado das relações traumáticas vividas no passado, mas a perturbação da minha capacidade de estar em relação, minha capacidade de estar aqui, aberto ao outro, à alteridade, esperada ou inesperada, a perturbação da minha capacidade de acolhimento, de encontro e comunhão. O nevrosado, neste caso, seria aquele que tem dificuldade para estar presente, aqui, aberto ao Real, ou seja, ao outro. O psicótico é aquele que se tornou "incapaz" de estar aqui presente

---

111 A palavra alemã *Dasein* quer literalmente dizer "estar aqui". Na tradição filosófica significa "estar presente" [N.T.].

no mundo, presente àquilo que é igual e diferente dele; fechado em suas ideias, imagens, memórias ou fantasias, sua realidade interna é sem "contato" ou "encontro" com sua realidade externa (seu próprio corpo, seu meio ambiente) e a realidade outra, sem dúvida, mais real do que a "sua" realidade interna e externa. Qual seria o processo de cura iniciado pelo terapeuta que permitirá ao doente reencontrar sua capacidade de presença, de estar aqui, aberto àquilo que é (igual e outro)?

Para o terapeuta, o mais importante não é a libertação do recalque das pulsões e o desabrochar da libido, a afirmação da vontade de poder ou a realização de si mesmo por parte do nevrosado. Pela expressão e a realização da "tarefa" que ele se outorgou, o terapeuta o convidará a fazer diferentes exercícios de atenção ao "ser, aqui, presente". Isso se dará primeiro em seu corpo, através de uma abertura de todos seus sentidos; ele o ajudará a desenvolver suas capacidades de acolhimento "daquilo que é" e particularmente daquilo que para ele é "desagradável ou doloroso", o medo, a enfermidade, o absurdo, a solidão, a morte etc. Tudo aquilo que não é aceito não é transformado, a função transcendente só pode exercer-se baseada em uma situação existencial reconhecida e aceita, caso contrário não haverá nem transcendência nem superação, mas evasão, recalque, falsa sublimação. O chumbo só pode virar ouro se ele for, primeiro, reconhecido como chumbo, mas não há complacência para com aquilo que está aqui, presente; aquilo que está aqui, presente, não é estático, é o próprio vir a ser, aquilo que eu sou é aquilo que eu serei. O "Ser aqui" está no Aberto, não é apenas o Ser, é o "pode ser", o "talvez" (o *esse* é um *posse*[112]), uma abertura "àquilo que vem" (simultaneamente de dentro e de fora já que tudo aquilo que vem, vem do "encontro").

O objetivo da *Dasein*-análise é "a existência reencontrada", a capacidade de estar em relação com tudo aquilo que existe; relação

---

112 O autor recorre a palavras latinas *esse* e *posse* para dizer que "a possibilidade de ser precede o ser" ou "o pode ser vem antes do ser" [N.T.].

pacífica ou conflituosa, tudo deve ser constatado: eu existo, você existe, tudo existe. Nós estamos juntos, a existência una e o múltiplo, a existência que nos une e nos diferencia (a existência neste nível de apreensão também pode ser chamada de Amor).

O que a onto-terapia traz a mais que já não esteja implícito ou explícito na *Dasein*-análise? O Ser aqui no Aberto não é apenas a minha existência aberta ao mundo; minha existência, assim como o mundo, permanecem no "ser para a morte" e trata-se de levar uma existência menos sofredora ou menos perturbada em sua relação (seu contato, seu encontro) com tudo aquilo que é, trata-se ainda de irmos "além", de darmos um passo a mais "sobre a terra, sob o céu, no Sopro". Descobrir o Ser aqui, "que está aqui, presente, no Aberto", descobrir que minha existência e a existência do mundo são apenas um ser aqui, finito, mortal: o fato de ele manter-se aqui no "Aberto" o torna presente àquilo que transcende a existência mortal de tudo aquilo que existe, o finito está aberto ao infinito, o tempo está aberto ao não temporal, o possível está aberto ao impossível, manter-se nesta abertura é aquilo que é inerente do homem – "eu sou, eu serei".

A onto-terapia recentra o homem em sua abertura fundamental, seu ser é "mais do que o ser", seu ser jamais se reduz a um ente. Seja este biológico, mecânico, pulsional, relacional, coletivo, cósmico, é "a consciência de ser aqui, aberto", que salva e cura. Nesta abertura não há "perda de identidade", mas relativização total de tudo aquilo que existe; é impossível idolatrar um mundo, qualquer que seja, interno ou externo. Essa não idolatria é respeito e liberdade para com todos esses mundos, todos esses "entes". A presença do ser aberto àquilo que é e àquilo que o transcende (o mesmo e o outro) é, ao mesmo tempo, humilde e soberana, ela não tem nenhum poder e, sem ela, nada é possível. O terapeuta inicia a pessoa que ele acompanha àquilo que ele incessantemente contempla: o Ser aqui, no aberto, infinitamente próximo e sempre inacessível, o Ser que é o que Ele é e faz ser tudo aquilo que é. "Nada, do todo, cuja causa é ele", é isso que nós somos, aquilo que por vezes experimentamos no puro silêncio, o espaço infinito onde se desenrolam todos os nossos encontros...

A onto-terapia nos permite aceitar e acolher o fato de que aquilo que buscamos jamais será encontrado, não há "objeto", imanente ou transcendente a "encontrar", tampouco objetivo. O desabrochar sexual (Freud e cia.), o êxito social (Adler e cia.), a realização de si (Frankl, Jung e cia.), todos esses nobres "objetivos" não conseguem nos dar aquilo que buscamos, mesmo que, durante um tempo, eles nos deem essa ilusão; a onto-terapia nos "deixa ser aqui no Aberto" e esta abertura não se fecha sobre nada; se ela se fechasse (sobre um deus, uma ideia ou uma coisa), ela perderia a si mesma e é desta perda ou deste luto que vêm nossos sintomas e nossas carências recorrentes. Quando paramos de nos fixar sobre um objeto ou um objetivo, a abertura nos é concedida e, nesta abertura, a Presença do infinitamente presente.

É a abertura que salva e cura, é o que nos abre ao espaço, ao "largo" (cf. *yesha*: "respirar ao largo", "estar salvo" em hebraico). Um espaço se abre no corpo: alívio dos bloqueios e das tensões. Um espaço se abre no coração: alívio dos apegos e das dependências. Um espaço se abre no espírito: alívio das fixações e das obsessões. Um espaço se abre na existência, a abertura ao mais próximo é abertura ao Infinito. O "Aberto" é um dos nomes menos blasfemos de Deus (o menos fechado), é também um dos nomes da graça, a graça que cura (que nos coloca ao largo) e não pode ser adquirida ou merecida. O espaço não é algo que poderíamos buscar, compreender ou capturar, ele está aqui desde sempre, a graça sempre nos é dada, ela permanece inacessível, o espaço está aqui diante dos nossos olhos e nossos olhos não podem "vê-lo".

XI

A ESCOLA DE TODTMOOS-RÜTTE (GRAF DÜRCKHEIM – MARIA HIPPIUS)

Quando perguntei a Karlfried Graf Dürckheim quais são os elementos essenciais daquilo que ele chama – junto com Maria Hippius – de "psicoterapia iniciática", ele me respondeu:
1) Levar em consideração os momentos privilegiados da existência.

2) Restabelecer o vínculo entre o "eu existencial" e o "Ser essencial" por meio de exercícios, sendo que os exercícios são um trabalho sobre o corpo que somos e a purificação do inconsciente.

3) Permanecer à escuta do mestre interior.

Os momentos privilegiados

O ponto de partida da psicoterapia iniciática é levar em consideração os instantes privilegiados da nossa existência, essas "horas estreladas" que – através da noite – atestam a existência do dia. Na psicanálise freudiana nos interessamos mais pelas memórias ou traumas de infância. Começar pelas "boas" memórias é "orientar" a terapia no próprio sentido do termo: dar-lhe o seu oriente, seu sentido. Este ponto de partida da anamnese é importante: aquilo que vem à tona na psicoterapia iniciática não é apenas o inconsciente, o infraconsciente. É também o supraconsciente, aquilo que hoje chamaríamos de Transpessoal: aquilo que – além do inconsciente e do consciente – os integra e os transcende.

Orientar a anamnese às "horas estreladas" não quer dizer que ignoremos os traumas da tenra infância que estão na origem das psicoses e nevroses do adulto, mas uma vez que a presença do Ser tenha sido estabelecida e reconhecida na consciência, uma vez que ela esteja centrada nesta consciência, poderemos levar em consideração, com maior lucidez e esperança, as tramas e as opacidades que a deformam. Poderemos mais facilmente entrar no combate com a sombra e descer a seus infernos. Enveredar-se pelo túnel do inconsciente sem ter experimentado a luz que está no fim do túnel é perigoso. Basta pensarmos naqueles para quem o "suicídio" parece ter sido a "conclusão lógica" da sua análise.

Geralmente, no início de uma sequência de entrevistas, Graf Dürckheim pergunta: "Quais foram os momentos privilegiados da sua vida?"

> Há momentos, indica ele, onde parecemos pairar acima da realidade familiar. Aquilo que experimentamos não parece pertencer a "este" mundo. Trata-se de momentos singulares que carregam a marca do maravilhoso que nos toca de súbito. Tudo que vivemos está impregnado de uma qualidade particular. Uma espécie de encantamento faz de nós ao mesmo tempo estrangeiros e, mais do que nunca, nós mesmos.
>
> Impossível dizer o que é e, aliás, se não fosse indizível, não seria mais "isto". Mesmo tratando-se de um sentido desconhecido, este inatingível, este Todo Outro é, contudo, real, pois dele emana uma força que lhe é própria. Ela banha nossa consciência de viver em uma claridade e um calor singulares. Após passar alguns instantes desembaraçados dos poderes quotidianos, nós experimentamos uma sensação de extraordinária liberdade[113].

Karlfried Graf Dürckheim – junto com C.G. Jung e R. Otto – falará ainda do "numinoso": "conceito que designa uma qualidade do vivido onde nos é revelado o afloramento de uma outra dimensão, de uma realidade que transcende o horizonte da consciência ordinária... Tudo o que nos faz fremir de medo ou de alegria, tudo que nos chama para além do horizonte da nossa realidade quoti-

---

113 *Méditer, pourquoi et comment?* [Meditar, por que e como?] Le Courrier du Livre, 1976, p. 19.

diana, possui uma qualidade numinosa"... "Tudo que é vivido como numinoso, luz ou trevas, ameaça (ou transcende) a realidade bem-ordenada do nosso meio habitual e circunscrito e nos faz fremir..." (Haveria muito a dizer sobre este "frisson", desde o frisson erótico até chegarmos ao frêmito diante de Deus. Chouraqui traduz "temer Deus, princípio do saber", por "fremir diante de Adonai – príncipe do saber". Este frêmito é uma certa qualidade de vibração psicossensorial que dá aos elementos materiais do nosso ser as qualidades e os talentos da energia.)

Graf Dürckheim distingue quatro lugares privilegiados de vibração, abertura de todo nosso ser a esta outra dimensão: a natureza, a arte, o encontro, o culto. Todos nós já conhecemos esses momentos privilegiados de harmonia e unidade na "Grande Natureza"; esta estreita "interconexão de todas as coisas" que a física contemporânea está descobrindo, nós pudemos experimentá-la em todas as fibras do nosso ser: de repente, não éramos mais estrangeiros no mundo, mas irmãos das galáxias: "poeira das estrelas". A consciência dual que incessantemente coloca o sujeito diante do objeto parecia ter sido abolida, uma unidade que não era uma mistura, mas a intimidade múltipla dos seres e das coisas se revelou a nós. Estávamos realmente "na" paisagem e não mais "diante" dela, ou seja, diante da representação mental ou da interpretação dada pelo nosso cérebro às ondas infinitas que chamamos de paisagem. Neste momento, é a árvore, é a montanha que vêm em nossa direção... Tudo está imóvel, tudo está em paz, apenas "o olho do melro estremeceu"... Ele nos observa. Mas, para alguns, a natureza é uma língua morta, um número fechado, a areia do deserto mais enterra do que acaricia... Para estes, talvez a linguagem da arte lhes fale mais fundo. É ali que o Ser virá tocá-los, durante o segundo acorde de uma sinfonia ou, então, será este "azul" sobre uma tela cujo autor ignoramos...

O privilégio, entretanto, não é apenas escutar a música, mas poder tocá-la; gostar de contemplar os quadros, mas também pintá-los. Não é apenas ler ou escutar um poema, é poder escrevê-lo.

Podemos, então, nos sentir investidos de um sopro mais vasto do que o nosso, sentimo-nos "inspirados": não sou mais eu, é a música em mim; não sou mais eu, é a dança, eu sou dançado... Frequentemente isso dura apenas alguns poucos instantes, misteriosa coincidência do homem com o mais profundo de si mesmo: "transcendência imanente" que chamaremos de "musa" ou "gênio". Somos amiúde tocados pela humildade dos grandes artistas (assim como a dos grandes sábios). Eles sentem que é indecente atribuir a si mesmos a qualidade da sua inspiração, mesmo que eles confessem ter trabalhado muito para traduzir – mesmo aproximadamente – o fervilhar das suas fontes. O Todo Outro não é nomeado, ele pode até mesmo ser negado por uma parte deles próprios. No entanto, eles aguardam a visita do Desconhecido que os eleva e por vezes os despedaça...

Mas o transcendente não fala apenas com os grandes artistas. Existem maneiras "inspiradas" de escutar música, ler um poema ou simplesmente dançar – nós nos abandonamos durante alguns instantes àquilo que nos encanta e este instante tem uma claridade que dura e que pode, no recôndito da lembrança, iluminar o futuro. Há também o encontro do homem e do homem, do homem e da mulher. Sob a opacidade da máscara, há por vezes o encontro do Semblante. O próximo, um instante, e eu o reconheço como "eu mesmo" e "eis os ossos dos meus ossos", "a carne da minha carne", cantava o velho Adão. Um instante e não somos mais inimigos ou cúmplices, somos únicos e somos um; nos reconhecemos "há muito tempo" ou desde a origem que está aqui e agora. O encontro numinoso pode começar no simples nível erótico. Por que dizemos: "Ter o diabo na pele"? Se o diabo estiver na nossa pele, é porque Deus aí não está. O diabo toma em nós o lugar que não ousamos dar ao amor. "Se soubésseis como a pele é profunda", dizia Valéry...[114] Muitos aí tombaram, mas alguns sabem que ali uma verdade os tocou;

---

[114] Paul Valéry (1871-1945) foi um filósofo, escritor e poeta francês da escola simbolista, cujos escritos incluem interesses em matemática, filosofia e música [N.T.].

foi ali que Deus encarnou. O Ser, no coração do encontro, desperta o homem por inteiro: o corpo, a alma e o espírito. Então, temos a impressão que este encontro não foi fruto do acaso. Alguém parecia me guiar e a gratidão vem antes da oração: "Jamais poderei agradecer o suficiente "Aquele que é" por ter te encontrado..."

O ritual

A natureza, a arte, o encontro... há também para Graf Dürckheim este lugar privilegiado onde a presença do numinoso pode se fazer sensível: é o culto. Pode ser a beleza do canto litúrgico ou a qualidade de um silêncio, uma frase de um texto sagrado que subitamente nos fala e parece dirigir-se a nós. Talvez não seja nada disso ou seja tudo isso junto. "Eis que de repente sois alguém!", disse Claudel[115] no dia da sua conversão na Catedral de Notre Dame de Paris. Não mais o desconhecido ou a "causa primeira". A certeza inimaginável e impensável: eis que de repente ela vos toca o coração e as entranhas!

Graf Dürckheim reúne todas essas experiências muito diversas sob a categoria de "experiências do Ser"; poderíamos acrescentar várias outras. O Ser fala com cada um a linguagem que este pode compreender. Às pessoas "bizarras" ele algumas vezes fala de maneira bizarra. Eu sempre me lembrarei de Filomena, essa cabritinha que gostava de subir na mesa e que, um dia, recitou no meu prato o terço das suas fezes impecáveis. Para mim esta foi realmente uma experiência do "numinoso". Eu não acreditava nem em Deus nem no diabo, mas a consideração atenta das suas fezes despertou em mim um assombro – não ouso dizer êxtase – que ainda hoje em dia me faz sorrir, mas também pensar. Um cocô de cabra é "quase perfeito". A perfeição está no excremento... Se nos demorarmos para contemplar isto, não estaremos longe do "nirvana no samsara" sobre o qual falam os budas: o infinito no finito, o sem-forma na forma. Foi necessário esperar muito tempo (a leitura de Mestre

---

[115] Paul Claudel (1868-1955) foi um dramaturgo, poeta, ensaísta e diplomata francês, membro da Academia Francesa. Foi irmão da escultora Camille Claudel [N.T.].

Eckhart e de alguns sábios do Mahayana[116]) para escutar novamente, desta vez em uma linguagem mais purificada, a lição dada por Filomena...

Jacques Castermane falava do olhar da criança ou do recém-nascido como de uma experiência possível do numinoso. É verdade que os olhos das crianças são grandes catedrais, "os pórticos do Mistério". A diferença que existe entre Deus e a natureza não é a mesma diferença que existe entre o azul do céu e o azul de um olhar? Há também a beleza pungente da criança adormecida... Olivier Clément dizia: "Apenas os santos sabem orar como as crianças sabem dormir..." O numinoso aparece nesta qualidade de abandono e entrega que frequentemente encontramos apenas no semblante dos mortos, este famoso rosto de antes do nascimento do qual falam os mestres zen – nosso rosto de eternidade.

A experiência do numinoso nem sempre é uma experiência do luminoso; ela pode ser, pelo contrário, uma experiência de terror e destruição. O sofrimento, o absurdo, a solidão, a morte também são situações existenciais propícias à revelação do Ser. Graf Dürckheim falará de "aceitação do inaceitável", eu diria: a não dualidade com o inevitável. A palavra "aceitação" tem em nossas mentalidades uma conotação de passividade, quando, na verdade, trata-se de dizermos "sim", de ser "não dois" com o sofrimento, o absurdo, a solidão e a morte, quando estes cruzam nosso caminho. Esta atitude de aceitação positiva tem o poder misterioso de transformar o impasse em "passagem". Todos nós conhecemos momentos de dor insuportável quando passamos por um acidente ou uma doença; e quanto mais procurávamos fugir deste sofrimento, mais este aumentava. Será o cansaço? Será a virtude que nos conduz a este momento de aceitação do inaceitável? Pouco importa, há uma espécie de prazo, um momento de "passagem" para um lugar de nós mesmos que não sofre; um além, um "não nascido – não criado" que ignora a dor.

---

[116] O Budismo Mahayana é um termo em sânscrito que quer dizer "grande veículo" [N.T.].

O mesmo vale para o absurdo. Todos nós conhecemos momentos de intolerável ambiguidade, situações sem saída onde podemos nos sentir próximos da loucura. A uma razão opõe-se uma outra razão, a uma explicação opõe-se uma outra explicação. "Um louco, dizia Chesterton[117], é alguém que perdeu tudo, menos a razão." Se formos capazes de aceitar que não compreendemos, se não quisermos mais encaixar o real em nossas pequenas categorias, se suspendermos nosso julgamento... este momento de absurdo e de loucura poderá ser o momento para uma passagem em direção a um sentido além da razão, além da consciência ordinária que "sempre pensa em modos opostos". Os físicos contemporâneos parecem bem treinados para entrar neste novo modo de consciência quando eles descobrem que o universo assemelha-se mais a um vasto pensamento um pouco fora de foco do que a uma máquina que se decompõe facilmente. A matéria apenas tem "tendência a existir": estamos aqui e não estamos aqui, somos ondas e partículas ao mesmo tempo etc. A visão científica do mundo não tem mais nada a ver com a ciência. A linguagem dos poetas e dos místicos parece ser mais apropriada para descrever "aquilo que é". O absurdo bem poderia ser apenas o inverso da graça, uma maneira de encarar o real em sua gratuidade, sua não necessidade. Dizer sim ao absurdo, ao desfocado da nossa condição humana e cósmica, é viver surpreendido e "aceitar este assombro como morada" – o que é absurdo em um certo nível de consciência não é mais em um outro. A passagem através do absurdo pode ser o despertar de um novo sentido que orientará nossa existência.

A solidão também faz parte desses "inevitáveis" que encontramos em nosso caminho. Aqui também, quanto mais fugimos da solidão, mais ela se aproxima; o divertimento só faz retardar um enlace ainda mais forte. Se soubermos aceitá-la como elemento da nossa vida humana ("Nascemos sozinhos e morremos sozinhos"),

---

117 G.K. Chesterton (1874-1936), um dos mais importantes escritores ingleses do início do século XX. Em seus escritos, fez apologia ao cristianismo, além de ter sido jornalista e poeta [N.T.].

uma abertura poderá acontecer. Tocamos em nós mesmos este ponto onde estamos em comunhão com todos os seres. No próprio coração da solidão aceitada, descobrimos que jamais estamos sozinhos. "Sentir-se" sozinho também está ligado a um certo nível de consciência, ou a um certo nível de identificação ao "eu". Na solidão, primeiro é o eu quem sofre. Ele sofre por não se sentir mais reconhecido, compreendido, admirado ou até mesmo, odiado. A solidão pode ser a provação iniciática que nos conduz "além do eu". "Uma vez aceito e "entregue" este "eu solitário", revela-se o "nós" da nossa inseparabilidade com todos os seres. É então que – nesta solidão – podemos realmente agir sobre nosso meio ambiente, próximo ou distante, e verificar que "todo homem que se eleva, eleva o mundo".

Da morte

Chegamos, enfim, ao quarto "inevitável" do qual ninguém escapa: a morte. Aqui também, lutar contra ela só a torna mais dolorosa. Acolhê-la, desposá-la, fazer da morte o lugar mais elevado da nossa vida. Também aqui, através das diferentes entregas, diante do sofrimento, da solidão e do absurdo que eram como treinamentos em direção a este Último, revela-se a Presença do Ser que é vida mais forte do que a morte, Sentido além dos contrários, comunhão no coração das solidões. Além do meu sopro, eu descubro a Fonte do sopro, a Presença de um "Eu Sou" que nem o sofrimento, nem o absurdo, nem a solidão, nem a morte podem destruir. Em linguagem cristã, nós diríamos: no coração da Cruz, eu descubro a Ressurreição!

Tudo isto não é objeto de crenças ou especulações, mas experiência que a linguagem das nossas tradições ou da nossa fé podem nos ajudar a traduzir. Mas, além das palavras, o que importa é a realidade desta experiência. Esquecemos com demasiada frequência que na origem das grandes religiões da humanidade estão tais experiências. Tudo que sabemos de Deus nos foi transmitido por um ser humano que o experimentou. Além das linguagens e das tradições, trata-se de reencontrarmos a experiência que eles nos transmitem. Qual foi a experiência de Abraão, por exemplo, ao contemplar o céu estrelado? Ou a experiência de Moisés quando, na sarça ardente do quotidiano, sentiu a Presença do Eterno? Diante dessas experiências do Ser ou do numinoso, diversos perigos estão à espreita. Nós podemos esquecê-los ou considerá-los como "graças" únicas que nunca mais conheceremos. É lá que a via iniciática distingue-se da via mística! Sobre o caminho iniciático, a graça é um estado de ser e de relação com o real absoluto que devemos reencontrar através do exercício ou da ascese (este "trabalho bem-ordenado sobre si mesmo", segundo a bela definição de Tomás de Aquino). De outro modo, acabaremos por esquecer deste "momento de graça". Nós o consideraremos, então, com nostalgia, sem pensar que ele poderia tornar-se o "fundo" permanente da nossa existência.

O segundo perigo é o recalque destas experiências, aquilo que Maslow e a psicologia humanista chamam de complexo de Jonas. "É bonito demais, é grande demais para mim", "bom demais para ser verdade", "isso só pode ser fantasia minha"... Intervém, então, a tentação tão frequente de explicar o mais elevado através do mais reles, esta hermenêutica redutora, característica de diferentes correntes da psicologia contemporânea. Penso na correspondência entre Freud e Romain Rolland; este escrevia a Freud durante a sua viagem à Índia contando que havia vivido junto a um sábio um momento de paz e harmonia intensos, "sentimento oceânico", onde ele se sentiu reconciliado com os homens e o universo. Freud lhe respondeu que ele acabara de viver um momento de regressão particularmente feliz: este "sentimento oceânico" nada mais era do que aquilo que ele sentira no seio de sua mãe... O niilismo caracteriza-se por esta pequena frase: "Nada mais é do que..." Há pelo menos duas maneiras de olhar uma flor de lótus. Aquela que diz: "não passa de lama", e a que se maravilha ao ver florescer tal luz derivada do lodo. Há também duas maneiras de ver um homem: a da psicologia redutora que afirma que este não passa de complexos, estruturas condicionadas pelos feitos e malfeitos da tenra infância; e a de uma outra psicologia que se surpreende por ver crescer, através da vastidão de tramas e memórias organizadas em complexos, a possibilidade ou o surgimento de uma liberdade maior e uma nova consciência.

O terceiro perigo é querer reproduzir as condições espaço-temporais nas quais esta experiência se manifestou. A mesma paisagem, o mesmo quadro, a mesma pessoa, daqui a alguns anos, não provocarão mais a mesma abertura, o mesmo sentimento de unidade. Este é o perigo de identificar o Ser aos elementos da sua manifestação. A originalidade da psicoterapia iniciática é levar em consideração essas experiências sem idolatrá-las. Trata-se aqui de um dom gratuito do Ser que nós temos o poder de "cultivar" sem buscar reproduzir, mas, no entanto, buscando entrar em ressonância com o estado de despertar que Ele provocou. Acreditar sobretudo que não é uma fantasia, uma ilusão que deveríamos esquecer ou recalcar, mas o surgimento da nossa realidade mais profunda. Todo o trabalho da terapia consistirá em estabelecer um elo cada vez mais constante, senão permanente, com esta Presença do Ser cujo momento privilegiado e numinoso foi um sinal.

O ser essencial

Segundo elemento característico da psicoterapia iniciática: reestabelecer o vínculo entre nosso "eu existencial", nosso eu ordinário (com sua herança genética, social, secular e molecular) e aquilo que Graf Dürckheim chama de "Ser essencial". Em uma linguagem mais filosófica, diríamos: restabelecer a transparência entre a essência e a existência do ser humano. (Etimologicamente, a existência é aquilo que exprime a essência: aquilo que a traduz ou a trai.) Jung falará de "processo de individuação". Os laços entre psicologia iniciática e psicologia analítica são óbvios. Graf Dürckheim e Maria Hippius não escondem tudo que devem à obra de Jung. Um tema comum a Jung e a Graf Dürckheim sobre o qual insistiremos é o tema da "sombra". A este respeito, Graf Dürckheim é formal: "Quem busca a iniciação acreditando poder evitar a sombra e poder avançar diretamente ao Ser essencial, está fadado ao fracasso ao longo do caminho". O caminho iniciático não é um caminho pavimentado de rosas... Ele se estende entre abismos. A expressão "caminhar sobre a corda bamba" não é ruim. Na selva, são duas cordas bambas que servem de ponte para passar de um lado do rio ao outro. Na "selva do inconsciente", o enfrentamento da sombra é a própria condição para a passagem.

O que é a sombra? Para Jung, assim como para Graf Dürckheim, não se trata do reprimido ou recalcado no sentido freudiano do termo. Não é "apenas" a sexualidade reprimida (apesar de ser isto também). Pode ser o aspecto feminino do nosso ser (a *anima*), quer sejamos homem ou mulher; podem ser nossos potenciais criativos e artísticos; pode ser, sobretudo, a repressão do nosso "Ser essencial":

> O núcleo da sombra no homem é a sua própria essência que ele impediu que se manifestasse... De todos os recalques, o recalque do ser essencial é o que mais coloca em perigo o vir a ser integral do homem. Ele é seu mal intrínseco: nada contraria tanto uma posição aparentemente segura e a fachada pacífica de uma "boa consciência" existencial quanto o Ser essencial sufocado. Seu direito a se manifestar por meio da transparência da pessoa, não é consciente nem reconhecida em uma humanidade cujo eixo repousa sobre o trabalho e a produtividade. Sem ser aceito, o Ser essencial torna-se uma fonte de descontentamento, nostalgia e sofrimento inexplicáveis, causa de doenças e perturbações psíquicas[118].

Frequentemente, Graf Dürckheim entretém-se descrevendo este mal-estar essencial que o homem contemporâneo conhece. Podemos ter tudo que é preciso: riquezas, conhecimentos, po-

---

118 Cf. *Méditer, pourquoi et comment?* Op. cit., p. 62-63.

der... e, no entanto, falta alguma coisa. O homem não é realmente ele mesmo. Por trás da fachada, o homem sente o blefe da sua existência. Este momento de lucidez pode ser a tomada de consciência de que o homem está em estado de alienação, separado do Self. Mas este momento de crise, esta provação, são também uma oportunidade. Eu ia dizer: é a "graça" do caminho iniciático. Para alguns, isso pode ser ocasião de uma verdadeira metanoia, de uma verdadeira mudança de vida; o que era importante antes não é mais agora. O essencial vem bater à nossa porta e não existe mais repouso verdadeiro, não existe mais sono profundo enquanto esta porta não lhe for aberta. Podemos, entretanto, persistir no ter, no saber, no poder e, no entanto, "o Ser nos falta"; como diz o poeta, "tudo está despovoado".

A resistência do ego e do *hara*

É o ego quem resiste. Foram necessários muitos combates para que ele se afirmasse e eis que agora lhe é pedido a passar para um segundo plano, a deixar ser o Self; o ego toma isso como ameaça e ele tem razão! O indivíduo enquanto ego está ameaçado, ele é chamado a morrer... Mas o indivíduo que não tem medo, que aceita esta ameaça e que se entrega, torna-se uma pessoa, alguém através de quem o Self, a presença do Ser essencial, pode ecoar e manifestar-se. A "normalidade" (eu a chamo de "normose" para fazer o vínculo com a nevrose e a psicose), mesmo que Freud a chame de "cura", pode ser considerada uma "doença" do Ser essencial. Esta normalidade pode tornar-se um obstáculo no caminho da verdadeira realização. É preciso saber colocar em questão a imagem que temos de nós mesmos ou que a sociedade nos impõe e, através de uma certa solidão, expressar a maneira única por meio da qual o Ser quer se manifestar em nós.

Mas quais são os meios concretos propostos pela psicoterapia iniciática para estabelecer em nós um contato cada vez menos fugidio com o Ser essencial? Trata-se, primeiro, de fixar-se nesta nova consciência por meio de exercícios. O exercício pode variar segundo cada pessoa. Pode ser a meditação sentado (*zazen*), o desenho meditativo, o trabalho com a voz, as artes marciais, como o aikido ou o taichi, o ikebana (a via das flores) etc. Qualquer que seja o caminho que tenhamos escolhido – ou que nos escolheu –, devemos nos colocar em uma atitude justa. Entretanto, o mais acessível, senão o melhor de todos os exercícios, para Graf Dürckheim, é o quotidiano. Cada instante é para nós uma ocasião, o momento favorável para entrar em contato com o Ser: levar uma carta ao correio, encontrar esta ou aquela pessoa, agradável ou desagradável... Penso aqui naquilo que me disse Maezumi Roshi[119]: "Você jamais caminhou, você jamais comeu, você jamais dormiu..." É verdade que nunca caminhamos quando estamos caminhando... Pensamos no lugar de onde viemos ou para onde vamos, caminhamos a esmo... No "quotidiano como exercício" também caminhamos em profundidade! É verdade que jamais comemos quando comemos... Conversamos, nos irritamos, estamos apressados; o sabor do arroz, o sabor da água nos escapam. Jamais dormimos quando dormimos. Aqui, os sonhos ou os pesadelos nos agitam...

"Jamais vivemos quando vivemos..." É pena ter que esperar morrer para nos darmos conta de que jamais vivemos. Nós não nascemos para correr, para ganhar, para adquirir uma vastidão de riquezas ou honras. Nós nascemos para viver e o sabor da vida nos escapou... Vivemos indo e voltando, mas sem raízes e sem profundidade... O exercício coloca em jogo um elemento importante do composto humano: o corpo. Primeiro devemos encontrar a atitude justa em nosso corpo. Assim, a psicoterapia iniciática dirige-se não apenas ao psiquismo do homem, às memórias que o entulham e o entravam e à luz essencial que o habita, mas dirige-se também ao corpo do homem, às memórias, "tensões, crispações" que o encerram e à luz essencial que pode transfigurá-lo e dar a este corpo existencial, "através da transparência", as qualidades de um "corpo de luz". Nisto,

---

[119] Maezumi Roshi (1931-1995) foi um mestre zen-budista japonês [N.T.].

a psicoterapia iniciática entra em ressonância com um certo número de terapias contemporâneas que, à diferença da psicanálise e mesmo da psicologia analítica, estão à escuta do corpo, daquilo que ele traduz, daquilo que ele expressa e daquilo que ele reprime. Ela une-se também ao tema da "transfiguração" no cristianismo quando, no Monte Tabor, os discípulos viram brilhar, no ser humano existencial do Cristo, a própria luz do "Eu Sou eterno" revelada a Moisés e a Elias.

O importante é a atitude geral justa no corpo que somos, condicionada por uma boa ancoragem no centro de gravidade do homem, o centro vital, que também chamamos de *hara*. Lowen, na bioenergia e em seus estudos sobre a depressão nervosa, retomará este tema do *hara*. "O deprimido, dirá ele, é alguém que perdeu sua fé e seu corpo." Todo o trabalho terapêutico consiste em lhe devolver a fé na vida, na Grande Vida que o atravessa, além das desventuras e dos ecos da sua "pequena vida" e permitir-lhe encontrar seu corpo mediante exercícios como, por exemplo, o enraizamento, diretamente inspirados no trabalho de Graf Dürckheim sobre o *hara*. No entanto, não se trata de dar total importância ao *hara* e de "idolatrá-lo" de alguma maneira, mas simplesmente recolocá-lo no interior do composto humano em harmonia com o coração e o espírito. Penso em uma conversa que tive com Graf Dürckheim onde eu lhe disse que, decididamente, "eu era carente de *hara*". Para minha grande surpresa, ele me respondeu: "Os bandidos sempre terão mais do que você..." A força vital está no *hara*, mas é o coração que orienta esta força. Com a mesma força podemos carregar as malas de alguém ou, se a utilizarmos de outra maneira, podemos desancar esta mesma pessoa... Podemos ter um *hara* muito bem desenvolvido, mas se o "coração" e a "inteligência" nos faltarem, de que adianta? Talvez sejamos belos e poderosos como um carvalho ou como um boi, mas não é bem esta a beleza do ser humano!

Penso também na frase citada por Jean Marchal quando estivemos juntos em Todtmoos-Rütte: "É no *hara* que encontramos a nós mesmos: é no coração que encontramos Deus". O grande Maharshi não orientava a atenção dos seus discípulos para a *guha*, a gruta do coração? Contudo, o *hara* caracteriza a atitude fundamental justa.

Sobre o caminho iniciático, o importante é dominar o *hara*, pois ao mesmo tempo ele faz desaparecer o centro ruim da gravidade situado "alto" demais e a supremacia do "pequeno eu". Desta maneira, aquele que possui o *hara* vê desobstruir-se o caminho que leva à percepção do Ser essencial, anteriormente bloqueado pelo eu.

Vemos então claramente que o exercício não tem como objetivo o aperfeiçoamento do corpo que temos, mas a transparência desta dimensão espaçotemporal àquilo que está além do espaço e do tempo. A saúde profunda do ser humano é a manifestação do invisível no visível, é a encarnação. A entrega não é apenas um movimento nos ombros, mas uma atitude profunda de confiança e de abandono nesta força que nos habita: presença do Todo Outro em cada um de nós. Este Todo Outro, Graf Dürckheim chama de mestre interior.

O mestre interior

Nas tradições bíblicas, insistimos particularmente na importância da escuta. O primeiro mandamento, antes de "Ama o teu Deus e o teu próximo", é: "Escuta!" Amar sem escutar o outro é sempre perigoso. Isso, sem dúvida, não tem mais nada a ver com o amor, já que o sentido da alteridade que está incluso na escuta não é respeitado. Um colega que trabalha em hospital me disse que ele considerava um doente curado no dia onde este mostrava-se capaz de escutá-lo, ou seja, de não interpretar imediatamente suas palavras segundo os critérios e a lógica do seu próprio delírio. Se esta capacidade de escuta é o próprio sinal da saúde mental, a qualidade essencial de um terapeuta será, portanto, saber escutar; mais do que um sujeito "suposto saber", o terapeuta é um "suposto escutar". Uma certa qualidade de escuta e de atenção permite ouvir não apenas o relato dos problemas e dos sofrimentos ligados às memórias traumáticas da tenra infância, mas também escutar a grande aflição do Ser essencial que jamais teve oportunidade para se manifestar. Por intermédio da qualidade desta escuta, o terapeuta despertará o paciente a este nível de profundidade reprimida que está na raiz da sua perturbação e do seu mal-estar. Ele abre ao paciente, então, a porta sobre seu próprio mistério; ele representa, por assim dizer, um papel iniciático... Devemos, neste caso, considerá-lo como alguém que preenche a função do "mestre" das sociedades tradicionais?

Sobre este assunto, Graf Dürckheim escreveu:

> O médico que é ou gostaria de ser um homem por inteiro e deseja, em seguida, tratar o paciente por inteiro, deve igualmente aprender a criar neste as condições que permitam ao homem curar-se a partir do seu ser essencial e deixá-lo dar o seu testemunho no mundo. Certo, esta tarefa não demanda que o terapeuta seja médico, mas mestre, guru. Isso não deve assustar os terapeutas da atualidade. A terapêutica iniciática implica que guiemos o homem sobre a via interna, no sentido em que os mestres da vida verdadeira o fizeram ao longo dos milênios. E, na nossa época, o terapeuta que quiser estar preparado para responder aos sofrimentos mais fundamentais, não tem outra escolha a não ser preparar-se para esta tarefa.

Não é uma tarefa fácil! O terapeuta, tendo entrado ele também no caminho iniciático, não consola, não dá pílulas, nem calmantes... Poderíamos até dizer que ele não cura, mas acompanha o outro em seu caminho. Isso pode parecer um pouco cruel, mas é importante. Não se trata, por exemplo, de "privar" alguém da sua depressão, tampouco dar-lhe logo tranquilizantes; pois, para esta pessoa, talvez essa seja a chance de voltar ao essencial, mudar de vida. Se dermos medicamentos ou consolos rápido demais, vamos "recomeçar como antes" e o mecanismo de repetição tomará conta do paciente. Não se trata mais de darmos a "aparência" de cura. O terapeuta que caminha sobre esta via busca a cura do ser; ele também não vem saciar o desejo; pelo contrário, ele o aumenta até chegar ao infinito (por vezes de aflição) que apenas o infinito pode preencher. Esta atitude é difícil e até mesmo perigosa. O terapeuta deve saber para onde está conduzindo o paciente e ele não pode conduzir mais longe do que ali onde ele está; se não tivermos tocado este lugar além da morte, o terapeuta pode matar o outro ou desequilibrá-lo ainda mais... E isso nada tem de iniciático! O terapeuta e o paciente devem permanecer à escuta do mestre interior. Estar à escuta do mestre interior, para o terapeuta, é estar à escuta do ser essencial do outro, da criança divina (cf. Jung) que tem vontade de nascer e favorecer este nascimento pelo seu brilho, sua palavra e por vezes por atitudes estranhas, desconcertantes para o "pequeno eu".

O objetivo, para o terapeuta como para o paciente, é sempre avançar mais sobre o caminho da transparência ao seu ser essencial. Tanto um quanto outro devem ali deixar ilusões, máscaras, todas essas fantasias que provocam as diversas identificações às camadas grosseiras ou sutis do "pequeno eu". O que permanece decisivo para o terapeuta e para o paciente é a adesão à lei fundamental do processo iniciático, esta lei que pode ser considerada como a própria ação do mestre interior em nossas vidas. É o grande "Morra e torne-se!"

> Não existe eclosão sem aniquilamento prévio, não existe renascimento sem destruição, não existe vida nova sem o morrer. E este morrer é sempre a morte do tornar-se, adversário do não advindo... Cada vez que uma situação adquirida é satisfatória e traz certeza ao homem, seu vir a ser pelo ser essencial está em perigo. Inevitável e incessantemente, a vida leva cada um de nós ao limite da sua resistência, ao ponto onde ele não aguenta mais, onde ele não é mais capaz de suportar uma obrigação pesada demais, um sofrimento, um desgosto. É pela superação deste limite, que compreende o aniquilamento de suas próprias exigências, que se abre a ele a porta do mistério[120].

---

120 DÜRCKHEIM, G. *Méditer, pourquoi et comment?* Op. cit.

É a lei ontogenética fundamental: "Se o grão de trigo caído na terra não morrer, ele não se erguerá para ver o dia, ele não dará o seu fruto". A psicoterapia iniciática também é "uma arte de morrer e ressuscitar"! Um processo de sucessivas desidentificações para que o ser verdadeiro viva... Mas não é esmagando a lagarta que a ajudamos a tornar-se uma borboleta. A percepção de um além do eu não minimiza o papel e a função do eu. Ele simplesmente o situa no seu lugar e lhe pede para não entravar a eclosão do homem alado: aquele que tem as raízes mais profundas... E que dá testemunho, através de uma vida frequentemente julgada paradoxal, da presença do Ser no mundo – "transcendência imanente" à qual Graf Dürckheim devotou um grande amor e uma longa fidelidade.

XII

O NUMINOSO, A ARTE E A TERAPIA[121]

É difícil definir o numinoso, pois não há definição para o indefinível, apenas paradoxos que o sugerem. R. Otto, C.G. Jung e Graf Dürckheim dizem que o numinoso é *"mysterium tremendum et fascinans"* – a palavra "mistério" vem do grego *muen* que vai dar origem à palavra "mudo". O *mysterium* é uma realidade sobre a qual dificilmente podemos falar, é algo que ao mesmo tempo nos "aterroriza e fascina", ela transborda toda nossa apreensão afetiva ou racional. O numinoso nos introduz à Presença do Absoluto, do Infinito que nós somos e todas as identificações aos nossos limites (ao eu) são abaladas[122].

A arte, a grande arte, facilita o acesso ao numinoso. A arte ordinária provoca em nós apenas pequenas emoções, algumas sacudidelas de prazer. A função sagrada da Arte é a de nos abrir à transcendência e, portanto, ao numinoso, mas será que o artista concebe sua arte como expressão do seu ego ou como manifestação do Ser que o transcende?[123] Jung diz que o artista expressa a alma inconsciente e coletiva da humanidade. De fato, se o artista tiver esta sensibilidade ao numinoso, ele pode expressar algo mais além dos elementos da sua biografia pessoal, o inconsciente coletivo e cósmico podem se expressar através dele, suas obras terão, então, uma dimensão arquetípica que se dirige à coletividade podendo inspirá-la e transformá-la.

---

121 Adaptado de uma entrevista concedida à Ligia Diniz e Denise Nagem para *Cadernos de Arteterapia* – Vol. 4: A arte conduzindo ao sagrado. Rio de Janeiro, Wak, 2015.
122 Cf. LELOUP, J.-Y. *Carência e plenitude*. Op. cit.
123 Cf. ibid., capítulo sobre a arte.

O cientista se interessa pela objetividade do Real; pela análise, medida, razão e possibilidade de reproduzir a experiência, ele busca saber "como" funcionam as "coisas" (para o cientista, o ser humano é uma coisa dentre outras, um "objeto" de estudo). O filósofo se interessa menos pelo "como" das coisas do que pelo "por quê": "Por que há algo além do nada"? "Qual é o sentido do homem e do universo?" Ele faz apelo a todas as forças da sua razão, de sua experiência, do seu estudo: "O que é realmente?" para o metafísico; "Quem sou eu?" para o sábio. O artista não busca dizer, explicar, racionalizar o como e o porquê das coisas, ele expressa subjetivamente aquilo que ele sente por intermédio das formas próprias da sua arte (poesia, música, dança, artes plásticas etc.). Quando o cientista, o filósofo e o artista tornam-se "místicos", eles não têm mais nada a dizer, a mostrar ou a demonstrar: "eles são o que eles são". A realidade do cientista, a verdade do filósofo, a beleza do artista são testemunhos parciais do Ser que em sua essência permanece inefável. Aquilo que o cientista, o filósofo, o artista e o místico têm em comum é o fato de darem testemunho, dentro dos limites das suas "competências" humanas, do Ser infinito que lhes faz existir, com mais ou menos inteligência, afetividade e sensibilidade.

Não podemos ter um conceito científico de Deus. É possível capturar um perfume com uma chave de fenda, transportar o frescor do dia em um carrinho de mão? Com seus instrumentos, a ciência só consegue capturar a matéria, grosseira ou sutil, pouco importa, não passa de matéria, que o cientista poderá considerar como a única realidade ou como um "nível de realidade" que manifesta o Real além da sua compreensão. É reconhecendo os limites do seu saber que o cientista pode abrir-se ao Ser, "o que eu sei é finito, o que eu não sei é infinito", me dizia um amigo astrofísico. Se o cientista for também um filósofo, ele poderá elaborar diferentes conceitos de Deus: Causa primeira, Princípio Primeiro, fonte de tudo aquilo que vive e respira, Consciência na origem da consciência etc.

Einstein dizia: "Creio no Deus de Spinoza que se revela na harmonia de tudo aquilo que existe", mas não encontramos "Deus na extremidade do seu escapelo ou no fundo do seu microscópio", nós descobrimos os limites dos seus instrumentos e a realidade que nos escapa. Podemos apenas permanecer abertos àquilo que é maior do que nós. É esta abertura da inteligência e do coração que podem fazer do cientista um "crente" ou um sábio. Se ele for até o âmago das suas investigações e do seu questionamento, ele poderá até mesmo tornar-se um místico, um silencioso...

O que é a matéria? Energia.

O que é a energia? Informação.

O que é a informação? Consciência.

O que é a Consciência?... Silêncio... Um obscuro e luminoso silêncio...[124]

O mundo da arte não é o mundo dos conceitos, mas o das imagens (poéticas, sagradas, sonoras ou visuais) e das representações. Da mesma maneira que uma inteligência finita não pode fechar em um conceito, uma palavra ou um nome o Ser infinito sem "reduzi-lo" ou mesmo destruí-lo, a arte do artista, qualquer que seja a profundidade da sua sensibilidade, da sua afetividade e das suas intuições, permanece sendo uma arte finita, limitada, temporal, relativa e, portanto, não pode produzir representações adequadas do Infinito e do Absoluto. Daí vem certamente o conselho bíblico de "não fazer representações de Deus"; sendo Deus invisível, qualquer representação só pode ser uma mentira ou um ídolo. O que podemos representar de Deus é a sua manifestação, na natureza ou no corpo e no rosto humanos, mas Deus em si permanece evidentemente irrepresentável, imperceptível. Uma arte simbólica como a do ícone não representa Deus, mas a sua encarnação no Cristo e nos seus santos – o objetivo do ícone e de toda arte sacra não é o de

---

124 Cf. *Um obscuro e luminoso silêncio* – A teologia mística de Dionísio o Areopagita. Op. cit.

"mostrar" Deus, mas evocá-lo e invocá-lo através das formas, cores e expressões simbólicas. O ídolo preenche o olhar com o visível, ele nos "entope" os olhos, o ícone, através da sua transparência e da sua simbólica, quer nos abrir os olhos ao invisível..."[125] É a qualidade do nosso olhar que faz da arte e de tudo que vemos um ídolo ou um ícone. Podemos ter os olhos detidos por aquilo que vemos, saturados ou satisfeitos pelo visível, podemos ter os olhos não detidos pelo visível ou mantê-los abertos ao Invisível; os grandes artistas são guardiões desta abertura, eles nos ensinam a ver mais longe, mais profundo, mais próximo da inacessível presença...

Podemos viver o numinoso no quotidiano e a arte pode nos ajudar. É a nossa maneira de olhar as coisas que as torna belas. Como acabamos de dizer, é o nosso olhar que faz de todas as coisas um ídolo ou um ícone. O artista deveria, assim como o terapeuta, nos "ensinar a ver claro"[126], a discernir na transparência dos seres a pura Presença do Ser. Por vezes, aquilo que há de mais belo em um museu são as janelas. A arte tradicional não fechava as obras de arte em prisões pagas e climatizadas, a arte estava no quotidiano: um prato, um vaso, um buquê de flores, o cheiro de uma sopa, o sabor de um prato, a cor das paredes, os desenhos ou as esculturas que ornamentavam as portas e o teto estavam ali para iluminar com a sua beleza o quotidiano de todos e não para a satisfação de alguns estetas ou gastrônomos.

De todas as artes, a mais esquecida hoje em dia é a "arte de viver" e esta arte pode ser uma arte sacra, se ela discernir a presença de Deus em todas as coisas. Como dizia Spinoza: "Tudo aquilo que é, é em Deus e nada pode, sem Deus, nem ser, nem ser concebido"[127]. A arte e a terapia poderiam ser iniciações a esta evidência. Nós seríamos conduzidos, então, a viver neste ambiente numinoso onde ainda vivem as crianças, os cães, os sábios, as árvores e os santos:

---
125 Cf. LELOUP, J.-Y. *O ícone, uma escola do olhar*. Unesp.
126 Cf. LELOUP, J.-Y. *Cuidar do Ser*. Op. cit.
127 Cf. SPINOZA. *Ética V, 42*, scolie.

Não existe sequer um punhado de terra onde Deus não esteja, a única coisa que nós temos a fazer é abrir nossos olhos e vê-lo no bem, no mal, na felicidade e na infelicidade, na alegria e na tristeza e até mesmo na morte. As palavras "Vida" e "Deus" são intermutáveis. Tomar consciência de que toda vida é o Um confere uma felicidade inimaginável[128].

A função de uma religião, normalmente, é a de nos religar, por meio de um certo número de ensinamentos e práticas, mas também de obras de arte, à Fonte de toda vida, de toda consciência e de todo amor. A melhor religião para nós é a religião que mais nos aproxima desta Fonte, "a melhor religião é aquela que faz de você uma pessoa melhor", me disse o Dalai Lama. Mas, por vezes, pertencemos a uma religião de maneira profana, sociológica, sem sermos "religiosos", ou seja, sem viver seus ensinamentos e suas práticas, sem "desfrutar" tampouco das suas obras de arte (música, cantos etc.). Trata-se, então, de um pertencimento artificial ou mundano. Mestre Eckhart dizia que "é a qualidade de nosso ser que qualifica nossos atos", e até mesmo nossos atos religiosos. O importante é, portanto, desenvolver nossa qualidade de ser, de consciência e compaixão. O Evangelho pertence àqueles que o vivem mais do que àqueles que falam a respeito, mas não devemos opor um ao outro. Se ninguém falar sobre o Evangelho, quem nos dará o desejo de vivê-lo?

A arte não pertence àqueles que as guardam em cofres. O valor de mercado de uma obra de arte não é nada se comparado à alegria compartilhada daqueles que a contemplam. O tesouro de uma religião não está entre as paredes de suas igrejas, mas no coração daqueles que nela creem. Mais precioso do que o templo de Jerusalém, a Meca ou o Vaticano, é o templo frágil e vulnerável do corpo humano, ali onde Deus é Vivente; antes de qualquer outra coisa, é deste templo que precisamos cuidar.

---

128 Mâ Ananda Moyî, morto em 1982, é considerado um dos maiores santos da Índia. Cf. *L'enseignement de Mâ Ananda Moyî*. Paris: Albin Michel, 1988, p. 181-185.

Jung dizia: "Apenas aquilo que realmente somos tem o poder de nos curar". Mas o que somos realmente? Devemos nos colocar essa questão até o final, até o fundo e descobrir que não somos nem isto nem aquilo – o que resta de nós quando não resta mais nada? Quando tiramos tudo aquilo que não somos "realmente", todas nossas ilusões de ser alguma coisa? Não há mais "eu" para falar a respeito, resta "Eu Sou", "o Ser Que é o Que Ele é". Estamos, então, efetivamente curados de nós mesmos, curados do nosso "ser para a morte". Deus nos salva e nos liberta de tudo aquilo que não é Ele, é isso que poderíamos chamar de uma "onto-cura", cura pelo Ser. Esta cura é radical, é o que chamamos de "iniciação": "morrer antes de morrer", "despertar para o nosso ser infinito", "já estar ressuscitado". "Eu Sou" é a Vida Eterna", dizia Yeshua. Aquele que adere (crê) nisto jamais morrerá; apenas aquilo que é mortal pode morrer.

Saber-se mortal não é desprezar aquilo que é mortal, pelo contrário, é surpreender-se com isto. Nossa vida depende de um fio, de um sopro: respirar é sempre um milagre. "Sacrifício" vem do latim *sacra facere*, "tornar sagrado", fazer de todas as coisas, de todos os atos, um ato sagrado. Não se trata, portanto, de matar o ego, mas de abri-lo e de reconhecer seu caráter sagrado. Não é esmagando a lagarta que a ajudamos a tornar-se uma borboleta, não é desprezando o ego que o ajudamos a abrir-se ao Self. Para os alquimistas, é com o chumbo que fazemos ouro, se não houver chumbo, se não houver matéria, não haveria nem ouro nem luz. A arte pode ser o "atanor", o cadinho, o fogo onde o chumbo se transforma em ouro, onde as matérias mais vis se transformam em pura beleza; o caos de nossas existências pode se transformar em estrela. Todos nós podemos ser artistas da nossa vida, dar à nossa natureza bruta a elegância de Deus.

O contrário do amor é o medo. O medo de viver e o medo de morrer são um único e mesmo medo. Viver é se doar, viver é morrer. Medo de amar, medo de se doar, medo de viver, medo de se perder, medo de morrer, nós vivemos sob o reino do medo. Por amor a Deus, por amor a uma pessoa, um país, uma beleza, uma ideia, uma justiça, esquecemos por vezes nosso medo, "arriscamos" nossa vida.

Ao invés de falarmos do bem e do mal, nós deveríamos falar do amor e do medo, a escolha se torna mais íntima. Sabemos, no entanto, que apenas o amor é mais forte do que a morte; a única coisa que ela não pode nos tirar é aquilo que demos. Temos a escolha entre uma "vida doada" e uma "vida perdida". Tudo que fazemos sem amor é tempo perdido, tudo que fazemos com amor é a eternidade reencontrada, é a beleza, a grande arte, "eu sou", é o Self reencontrado. Só existimos quando criamos, é a nossa maneira de participar da vida divina, o amor é puro Ato, Inteligência e Imaginação criadora, a criatividade nos liberta, de fato, de muitas doenças, ela permite que nós nos realizemos e nos suplantemos. Religião, mística, ciência ou filosofia? Pouco importa, é a Vida!

XIII

De Freud (Sigmund) a Freud (Lucian)

Encontrando-me em Viena, Berggasse 19, no consultório onde atendeu Freud durante quase meio século, interroguei-me a respeito de tudo que pode ter sido vivido nestes lugares e os vínculos e as distinções que podem ter sido estabelecidas entre o quarto da escuta onde foi "praticada" a psicanálise e o quarto de estudos onde ela foi "teorizada". O que me veio, em um primeiro momento, é que a eficácia da psicanálise, se for necessário encontrá-la, reside nas práticas da escuta. Freud, antes de ter sido um teórico "suposto saber", foi um sujeito "suposto escutar" e é sem dúvida graças à qualidade da sua escuta, mais do que à pertinência das suas teorias, que ele pôde obter algumas curas ou melhoras na vida dos seus pacientes. O convite e a incitação dados à pessoa sofredora para colocar em palavras os seus males, quaisquer que sejam, são igualmente eficientes: "Diga apenas uma palavra e você estará curado". Diga aquilo que jamais disse, aquilo que jamais ousou dizer, a seu próprio respeito, a respeito de suas pulsões, desejos ou afetos. "Diga apenas uma palavra..." Alguém o escuta, sem julgá-lo e, em um primeiro momento, "sem interpretar", em uma escuta infinita, incondicional. Eis aquilo que, sem dúvida, salva ou cura (*soteria*).

É a prática antiga dos Terapeutas do Deserto: o discípulo "abre seu coração" ao ancião e lhe revela todas as suas fantasias, pulsões (na época, elas chamavam-se "demônios" ou "*logismoi*") ou todas as dores que o angustiavam ou oprimiam. Aquilo que salva e cura, seja na psicanálise ou na prática dos antigos terapeutas, é acreditar que alguém nos escuta, nos escuta de verdade, tal qual somos, com nossas sombras e nossas luzes; é esta escuta que, com frequência, nos faltou em nossa infância ou em nossa vida adulta, uma escuta infinita, incondicional, "sem atração, sem repulsão e sem indiferença". Ser escutado desta maneira é ser amado, acreditar que somos escutados e amados desta maneira, é o que nos salva e nos cura, é esta fé em alguém que nos escuta e nos ama que salva e cura. Estamos dizendo que aquilo que "projetamos" sobre o terapeuta nada mais é do que uma "imagem de Deus".

Talvez este seja um aspecto da transferência que tenha escapado a Freud, a postura levemente "retirada" por trás do divã poderia, no entanto, evocá-la. Não é essa uma expressão do *tsimsoum* abordado pela espiritualidade judaica? O infinito, que ocupava todo lugar, retrai-se e deixa lugar ao nada no qual o mundo pode acontecer. Deus se retira, mantém-se retirado, faz-se discreto, para que "o outro" exista. Ele não ocupa todo lugar como poderiam fazer o pai ou a mãe no espírito, coração e corpo da criança. O terapeuta mantém-se retirado, ele faz lugar para o outro, ele o deixa ser, ele deixa que o outro se expresse como ele é no espaço vazio do divã. Este apagamento diante do outro é, sem dúvida, uma manifestação muito elevada do Amor que salva e cura, mas ainda é preciso que este apagamento ou afastamento estejam "presentes". O psicanalista não está presente apenas por meio da sua ausência ou do seu silêncio; para que o outro possa falar de si com confiança e verdade, ele deve estar presente por meio da sua atenção e do seu respeito. Sua Escuta não é apenas amor, ela é também inteligência e discernimento, ou seja, interpretação. É chegado um momento onde, tendo respondido à injunção do terapeuta – "diga apenas uma palavra e estarás curado" – o paciente pode lhe dizer por sua vez: "Diga apenas uma palavra e estarei curado", ou seja, você consegue dar sentido às minhas palavras, sejam elas sonhos, delírios, razão, gritos ou justificativas?...

A resposta deveria vir da escuta, ou seja, do silêncio que a acolheu com benevolência e que respeita o Verbo (ou *Logos*) do paciente. A resposta é primeiro um eco ou um espelho daquilo que foi ouvido. O eco é por vezes inaudível por falta de distância ou de recuo por parte daquele que escuta, este pode "projetar-se" sobre a palavra viva do paciente; suas "teorias" ou suas grades de leitura podem impedi-lo de "realmente" escutar. A palavra viva é, então, novamente congelada, retida na geleira de uma "interpretação sem escuta", e esta interpretação não apenas não cura, como também pode aumentar a confusão e o desespero do doente.

No endereço de Freud, Berggasse 19, podemos imaginar que o quarto de estudos, com suas diversas estatuetas e todas essas divindades petrificadas nos livros ou no gesso, invadiram por vezes o quarto da escuta e que a teoria freudiana tenha submergido, "inconscientemente", à escuta neutra e salvadora do psicanalista. Mas também podemos imaginar que o silêncio do psicanalista tenha penetrado no quarto de estudo e que as questões sempre vivas colocadas pelos pacientes assombram a "doutrina freudiana" e a impedem de fechar-se sobre si mesma; manter aberta a porta que liga os dois quartos onde Freud viveu a maior parte da sua vida é uma condição de saúde e de futuro para a psicanálise. Como manter o equilíbrio sutil entre escuta e estudo? O silêncio e a interpretação? O recuo e a presença atenta? A inteligência e o amor? Ou seja, a prática e a teoria que fundam a originalidade da psicanálise e seu vínculo com as práticas (*práxis*) e contemplações (*théoria* ou *gnosis* em grego) dos antigos terapeutas.

Lucian Freud

Seria o acaso? No momento da minha visita à Berggasse 19, havia nas salas que outrora pertenceram ao apartamento da família de Sigmund Freud, uma exposição de fotos de David Dawson sobre o atelier de Lucian Freud[129], neto de Sigmund. Apesar de este sempre ter rejeitado qualquer influência do seu avô, "a análise paralisa", dizia ele; talvez ele expresse, "inconscientemente", é claro, algo daquilo que foi recalcado por seu ilustre antepassado? Dizer que ele levou uma vida de excessos (lhe são atribuídos cinquenta filhos, dos quais apenas uma dúzia foram reconhecidos) para "compensar" a vida bem diferente de Sigmund, esposo fiel, pai e avô modelo, seria

---
129 Cf. *Lucian Freud*. Kunst Historisches Museum Wien, 2013.

fácil demais. É na sua obra que as ressonâncias me parecem mais significativas: primeiro, a audiência privada do seu atelier, onde ele escuta com acuidade, mas por vezes com crueldade, as carnes das suas modelos (eu ia dizer das suas pacientes). No meio do atelier reina o "divã", onde estão expostos os corpos da filha, da mãe, das amásias, das esposas, das amantes, mas com maior frequência, do cachorro e dele mesmo. Crueza e nudez que não se expõem nem a uma escuta nem a um espelho benévolos; o espelho no olhar de Lucian Freud não é neutro, ele não vê, ele interpreta – a teoria novamente impede, sem dúvida, o silêncio e a visão do "Verbo que se faz carne", da Consciência que toma corpo. O que resta? Um corpo que não é mais habitado pelo Verbo ou animado por uma informação viva, que não passa de "carne"? Uma carne pintada com grande competência, mas sem o Espírito que ilumina as carcaças de Rembrandt ou de Soutine. No entanto, Lucian Freud é comparado a Ticiano, Rubens, Courbet e aos maiores pintores.

Mas se observarmos as carnes mais densas de um Rubens, pressentimos ali a palpitação de uma alma viva. As gorduras pintadas por Lucian Freud apenas dão testemunho de uma alma morta. Onde está a alma morta? No olhar do pintor ou no modelo deitado sobre o canapê? Onde está a pulsão de morte? Na escuta do psicanalista e na sua interpretação ou na angústia do paciente deitado no divã? O neto ilustraria com o seu estilete (cf. seu autorretrato nu, com estilete e botinas) as cores maduras e cambiantes da decomposição? A pulsão de morte, mais do que a pulsão de vida, em obra numa carne "que leu todos os livros e que é triste" (cf. o poema de Mallarmé[130]). A visão, assim como a escuta do avô e a do

---

130 "Brise Marine", poema de Stéphane Mallarmé, escrito em 1865: "A carne é triste, sim, e eu li todos os livros. / Fugir! Fugir! Sinto que os pássaros são livres, / Ébrios de se entregar à espuma e aos céus imensos / Nada, nem os jardins dentro do olhar suspensos, / Impede o coração de submergir no mar / Ó noites! nem a luz deserta a iluminar / Este papel vazio com seu branco anseio, / Nem a jovem mulher que preme o filho ao seio. / Eu partirei! Vapor a balouçar nas vagas, / Ergue a âncora em prol das mais estranhas plagas! / Um Tédio, desolado por cruéis silêncios, / Ainda crê no derradeiro adeus dos lenços! / E é possível que os mastros,

neto, são uma visão e uma escuta de um "ser para a morte" onde não esperamos mais ver um raio de luz, uma transparência, um lapso que deem testemunho de uma transcendência, de um além que habita o interior e que atravessaria a carne. Simplesmente acabamos de "ver ou escutar", com os olhos, o ouvido do coração. "O amor está morto" e tudo morre, cores da decomposição, desespero da interpretação.

A anamnese essencial não nos poupa desta fadiga, deste amolecimento cerebral e dos impasses para onde somos conduzidos, mas ela vigia para que não haja a pretensão de tudo ver e tudo explicar sobre a carne humana. Há uma luz nos bois esfolados de Rembrandt que não encontramos nos nus de Freud; a carne aí está fechada sobre si mesma e, como dizíamos a respeito do cadáver de Lázaro: "ele já está fedendo", mas não há voz ressoando e pronunciando as palavras: "Saia daí!" "A carne é a verdade", mas "não toda verdade", reina então um silêncio sujo e duro, o silêncio do artista e do psicanalista desertados pelo amor. Restam o ruído e a matéria das suas interpretações, uma teoria que "custa caro" (a obra de Lucian Freud é uma das mais caras do mundo), mas que não ilumina, não cura nem salva ninguém.

A Berggasse 19 nesta tarde de janeiro me pareceu um lugar comovente, um comovente sintoma da impotência que têm, por vezes, a ciência e a arte para dar significado a algo mais do que a si mesmo e ao seu "ser para a morte"... Mas não devemos generalizar, não existe apenas Freud (Sigmund) e Freud (Lucian) para falar sobre arte e análise.

---

entre ondas más, / Rompam-se ao vento sobre os náufragos, sem mastros, / sem mastros, nem ilhas férteis a vogar... / Mas, ó meu peito, ouve a canção que vem do mar!" (Tradução de Augusto de Campos) [N.T.].

ANEXO

CARTAS AOS TERAPEUTAS

Na conclusão do meu livro sobre Fílon e os Terapeutas de Alexandria, escrevi:

> Paralela à ordem dos médicos, a ordem dos terapeutas ainda deve ser criada. Ela lembraria as exigências de uma abordagem multidimensional do ser humano e favoreceria uma prática menos fragmentada, ou seja, menos sectária, da medicina, da psicologia e da espiritualidade. Não saberíamos esperar um mundo melhor sem uma revisão dos pressupostos antropológicos dos nossos métodos de cuidado. Um mundo melhor clama por uma antropologia melhor.

Desta intuição nasceu o Colégio Internacional dos Terapeutas. Sua fundação remonta a 8 de setembro de 1992, na Cidade da Paz em Brasília, cidade internacional patrocinada pela Unesco.

Em seguida, este colégio desenvolveu-se na Europa e em diferentes países da América do Sul. Ele reúne terapeutas de diversos horizontes e competências diversas que se reconhecem em uma antropologia, uma ética, uma prática e uma orientação comuns: cuidar do Ser. Os terapeutas não obedecem a nenhuma regra específica, mas a um espírito, um estilo, um ritmo de vida particulares, que favorecem, para eles e seu ambiente, uma anamnese essencial. O Colégio não prega nenhuma obediência política ou religiosa. Cada um dos seus membros é livre para pertencer a um partido ou a uma tradição. A referência comum resume-se às "dez orientações maiores":

1) antropologia;
2) ética;
3) silêncio;

4) estudo;

5) gratuidade;

6) reciclagem;

7) reconhecimento;

8) anamnese;

9) despertar a presença;

10) fraternidade.

Essas dez orientações não são uma regra que impõe ou obrigue. Elas nos lembram as exigências que inspiram e orientam o terapeuta.

1) Antropologia

Reconhecer, respeitar e cuidar do ser humano em sua integridade física, psíquica e espiritual: (soma – psique – noûs – pneuma). (Cf. as equivalências nas antropologias tradicionais: Índia, Tibet etc.)

Esta antropologia é igualmente uma cosmologia, ela não considera o ser humano como separado do universo (daí a importância do cuidado concedido ao meio ambiente), ela é também uma ontologia, ela não compreende o ser humano como separado da Origem que incessantemente lhe faz falta e o fundamenta.

2) Ética

Cuidar do Ser em si mesmo: acolhê-lo – contemplá-lo – respirá-lo – encarná-lo – comunicá-lo...

Cuidar do Ser nos outros: Acolhê-lo – respeitá-lo – escutá-lo,

E se for necessário: Orientá-lo – curá-lo – deixá-lo desabrochar...

Viver o máximo possível na simplicidade e na beleza (alimento, vestimentas, moradia...) e permanecer livre em relação ao acúmulo de bens, de saberes e poderes que podem nos afastar do Ser.

3) Silêncio
Viver cada dia um tempo de silêncio segundo as práticas próprias de cada terapeuta.

4) Estudo
Viver a cada dia um tempo de estudo dos textos, dos escritos e das "informações" necessárias à edificação e à reciclagem do terapeuta, um tempo em que ele possa "beber da Fonte"...

5) Gratuidade
Doar um tempo por dia para o "cuidado" gratuito e a disponibilidade segundo a competência particular do terapeuta.

6) Reciclagem
A cada ano, dedicar uma semana ao silêncio e ao estudo para "recentrar-se" e verificar seus pressupostos antropológicos.

7) Reconhecimento
Submeter-se à escuta atenta e benévola de um terapeuta-acompanhante que, a cada ano, irá validar o pertencimento ao Colégio dos Terapeutas e reconhecer a fidelidade do terapeuta aos seus próprios compromissos, ou seja, às "dez orientações maiores".

8) Anamnese
Manter um caderno de anotações onde serão registrados os sonhos significativos, assim como os acontecimentos que testemunham a presença do Ser em sua vida.

9) Despertar a Presença

Se possível, viver em todas as horas um minuto de "Presença do meu ser ao Ser que o informa, do meu sopro ao Sopro que o Inspira".

Este momento de "Presença" pode ser vivido através de uma invocação, uma respiração ou simplesmente uma atenção sensorial ou afetiva à Presença do Ser no corpo que nós somos.

10) Fraternidade

Os terapeutas, dispersos pelo mundo, formam uma rede fraterna. A hospitalidade recíproca é uma felicidade da qual eles não se privam. Lembrando-se dos seus compromissos comuns, eles compartilham de boa vontade seu tempo de estudo e seu silêncio.

As cartas que se seguem são endereçadas a esses terapeutas "no espírito de Fílon de Alexandria" que ainda hoje dão testemunho desta medicina que respeita o ser humano em sua integridade, sem rejeitar nem esquecer suas dimensões espirituais (noéticas) e divinas (pneumáticas).

Carta I

Meu caro T.,

Você me diz que a "doença mental" ou psíquica é "estar separado do Real" – definição clássica da esquizofrenia – mas, você pergunta, "o que é o Real?" e, enquanto terapeuta, "o que podemos fazer para ajudar alguém que sofre desse afastamento ou dessa separação do Real?..."

Você acredita realmente que podemos estar "separados" do Real? Estamos sempre no Real; sem dúvida, algumas vezes mais, outras vezes menos, mas sempre estamos no Real; de modo contrário, não estaríamos aqui para sofrermos, nos alegrarmos ou falarmos a respeito...

Jamais estamos "separados". Eu preferiria dizer que estamos "fechados" em uma percepção ou uma interpretação da realidade que tomamos pelo Real.

Aquele que padece com aquilo que lhe acontece (essa é a própria definição de paciente), ao encontrar-se face à realidade de seus sintomas, da sua doença, do seu sofrimento, do seu "mal-estar", pode, com o acompanhamento do terapeuta, ter acesso a uma percepção e uma interpretação "outras" que o ajudarão a passar de uma dor "insensata" a uma dor "que faz sentido". "Sentido" não significa complacência para com a dor, não é estabelecer-se em sua identidade como vítima, mas, pelo contrário, é aquilo que assinala uma saída do sofrimento ou da interpretação e da percepção dolorosas daquilo que é...

"Mas, o que é? O que é o Real?", você me pergunta.

Suas questões não são "metafísicas" demais para um terapeuta? É verdade que, segundo Fílon de Alexandria, o terapeuta, antes de ser um médico ou um psicólogo, deve ser um "filósofo"[131]; interrogar-se acerca do Real me parece ser um sinal ou um sintoma de humanidade e saúde mental... Quando pretendemos "cuidar" de alguém ou se quisermos estar ao seu lado "para ajudá-lo a realizar-se", devemos saber que sentido damos às palavras: Real – Realização – Realidade...

Acredito que identificamos rápido demais uma realidade ao Real. Isso deu nascimento a muitas escolas de filosofia; por exemplo, para Platão, o "Realismo" é afirmar a realidade das ideias, "mais reais" do que os seres individuais que são apenas o seu reflexo – para os materialistas, o "Realismo" é, pelo contrário, a afirmação de que apenas a matéria existe, as ideias não passam de epifenômenos ou explicações ilusórias.

A realidade da Matéria, assim como a realidade do Espírito, estão identificadas ao Real, ao passo que a matéria ou o espírito

---

131 Cf. "Fílon e os Terapeutas de Alexandria". In: LELOUP, J.-Y. *Cuidar do Ser*. Op. cit. • LELOUP, J.-Y. & BOFF, L. *Terapeutas do Deserto*. Petrópolis: Vozes, 1997.

são apenas dois níveis dentre outros do Real, duas manifestações relativas do Real.

De um ponto de vista mais moral ou mais psicológico, teremos tendência a tomar pelo Real a realidade do Bem ou a realidade do Mal... alguns dirão que apenas o bem existe, que ele é o único Real, o mal é apenas a ausência ou a falta do bem (*privatio Boni*); outros dirão que realmente existe o mal, que ele é o próprio Real, ou seja, o Absurdo, o Não Sentido de estarmos "jogados aqui" (cf. certas formas de gnosticismo[132]).

Neste caso, estaríamos novamente identificando o Real a apenas uma das realidades que o manifestam, ao passo que o Real está presente nas realidades mais contraditórias ou opostas.

De um ponto de vista médico ou terapêutico, alguns considerarão a saúde como sendo a Realidade, a doença não passaria de uma deficiência transitória da saúde. Outros afirmarão, pelo contrário, a Realidade dos vírus ou do "terreno" como únicas causas da dor, do sofrimento ou do mal-estar – "a saúde" (assim como a felicidade) não passa de uma ideia quimérica, impossível de ser produzida ou injetada em corpos destinados, de toda maneira, à degenerescência e à morte...

A Realidade do nascimento ou a Realidade da morte são duas manifestações do Real. Uma terapia que não levasse em consideração essas duas realidades, sem confrontá-las ou opô-las, correria o risco de não levar em consideração um Ser Real, capaz de integrar ou mesmo de ultrapassar esses diferentes níveis de realidades ou essas diferentes "experiências do Real" que são o prazer, a dor, o nascimento, a degenerescência, a morte...

O Real está em todas as realidades, sejam materiais, psíquicas ou espirituais... mas, mais uma vez, o que é o Real?

---

132 Não confundir com a gnose, que justamente não identifica o Real com um dos seus elementos, positivos ou negativos – bem ou mal, felicidade ou infelicidade – mas os considera como duas realidades "relativas" uma à outra. Cf. LELOUP, J.-Y. & GUISE, K.A. *Les profondeurs oubliees du christianisme*. Éditions du Relié, 2007.

Quanto mais busco compreender, tanto mais ele me escapa...

Que eu busque compreendê-lo "fisicamente", através dos meus sentidos (sensações, percepções)... que eu busque compreendê-lo "afetivamente" ou "psicologicamente" através das minhas emoções, meus desejos, meus sentimentos... que eu busque compreendê-lo intelectualmente ou "cientificamente" através das minhas análises, racionalizações ou sínteses... que eu busque compreendê-lo intuitivamente ou espiritualmente através das orações, meditações ou contemplações...

O Real não está ofertado a uma "compreensão", mas a uma escuta; uma Escuta que deve permanecer livre de todas as apreensões – sensoriais, afetivas, intelectuais ou espirituais – sem, no entanto, rejeitá-las. Uma Escuta que permanece aberta ao imperceptível, ao inapropriável, ao incompreensível, ao inominável...

Permanecer à Escuta do Real, manifestado, encarnado ou representado em todas as realidades é permanecer em uma abertura corporal, afetiva, intelectual e espiritual com relação a tudo que foi, a tudo que é, a tudo que virá...

Permanecer nesse estado de Escuta e de abertura em todas as circunstâncias, é permanecer na presença do Real, é estar em vias de "Realização", não no sentido de terminar algo, mas no sentido de uma maturidade que é incessantemente informada pelo Real e livre (libertada) das realidades que o manifestam, o encarnam ou o representam...

O Real não é uma realidade, sequer uma Realidade absoluta, ou seja, "um ídolo do Real", sua representação última...

Na busca da minha "identidade Real", eu descubro um certo número de realidades das quais eu participo, mas a "identidade do Eu Sou" sempre me escapa. "Aquilo que" eu sou não é "Eu Sou", minha realidade não é o Real, mas é, contudo, uma manifestação, uma encarnação, uma representação do Real.

Tomar "aquilo que eu sou" por "Eu Sou": eis minha inflação ou minha patologia; sentir o distanciamento entre "aquilo que eu sou" e "Eu Sou": eis a fonte de um sentimento de culpa, de falta ou de carência que é também patologia. Aceitar esse "distanciamento" entre "aquilo que eu sou" e "Eu Sou", entre "aquilo que é" e "o Ser" ou, ainda, entre a realidade e o Real, é o início da saúde, o aprendizado do "entre dois" que me situa no coração de um ternário, "aquilo que eu sou" – "Eu Sou" – e o "entre dois".

A função do terapeuta é cuidar desse "entre dois" ou dessa relação entre o Ser e "aquilo que é" ou entre "aquilo que eu sou" e "Eu Sou".

O Real se manifesta entre duas realidades: a realidade relativa: aquilo que eu sou (feliz – infeliz – sofredor – mortal – neurótico – psicótico etc.) e a realidade absoluta, "Eu Sou".

A perda do sentido do Real que surge "entre duas" realidades está na fonte de nossos infernos ou de nossos fechamentos, ou seja, de nossas identificações a essa ou aquela polaridade do Real, que poderemos qualificar de depressiva (se eu me identificar "àquilo que eu sou") ou de histérica (se eu me identificar a "Eu Sou" que eu poderia ser).

O Real é aquilo que nos faz sair dos fechamentos ou das alienações referentes ao relativo ou ao absoluto.

Ajudar alguém a permanecer nesse espaço do entre dois é mantê-lo em vida, permitir que ele não se "petrifique" ou se "fixe" a uma postura do Real, pois a vida é o movimento incessante entre "aquilo que eu sou" e "Eu Sou", movimento que une minha realidade relativa à realidade absoluta, realidade relativa que "eu não sou" e realidade absoluta que "eu não sou". O Real não é nem o meu ser finito (relativo), nem o meu ser infinito (absoluto), ele é "os dois", "entre os dois" e "além dos dois"...

Cuidar do Real é desimpedi-lo, colocá-lo ao largo no coração das realidades às quais o ser humano se identifica. Essa libertação de um espaço no coração dos tecidos demasiadamente comprimidos dos nossos sintomas, essa libertação de uma leveza no coração do mais espesso e do mais pesado das matérias que nos constituem, é o que alguns chamam de despertar, saúde ou Salvação; realização do Real não identificado às realidades sublimes ou triviais que o encarnam, o manifestam ou o representam...

O terapeuta é um hermeneuta, ele ajuda o paciente a tomar consciência de que aquilo que ele percebe como sendo "a realidade", a realidade que geralmente lhe faz mal, não é apenas uma percepção, mas também uma interpretação. Aquilo que é percebido desta maneira não é o Real, mas uma etapa, um momento do Real. O terapeuta o ajuda a recolocar seus sintomas no interior de um processo onde ele não se identifica à realidade da sua doença; ele não é o "objeto" de um câncer, da Aids ou de outra patologia (física ou psíquica), mas o "Sujeito" de um câncer, da Aids ou de outras patologias (físicas ou psíquicas).

O Real é "Ele" e nenhuma realidade, mesmo a mais obstrutiva ou a mais dolorosa, pode aniquilá-lo. "A doença da morte" não é incurável, já que ele descobre ser o "sujeito" dessa doença. A consciência de que ele vai morrer é maior do que a morte que arrebata seu corpo e seu psiquismo.

O que é ser terapeuta se não for participar, através da sua própria vigilância, do despertar dessa consciência? Consciência do real que "eu sou", no coração da realidade que "eu tenho". A vida que eu tenho, eu não a terei para sempre. A vida que eu sou, quem, além da minha recusa e do meu esquecimento, poderá tirá-la de mim? O terapeuta, através da prática da anamnese essencial, tenta "tornar presente" em si, no outro e entre os dois, "o Real que está sempre aqui, presente"; essa rememoração pode ser efetiva: alívio e libertação...

Carta II

Meu caro T.,

Você pede que eu "indique quais são os meus pressupostos antropológicos ou meus *a priori* em relação ao Ser humano..." Como disse anteriormente, creio que existe um Real infinito, invisível, eterno, bem-aventurado... nas realidades finitas, visíveis, temporais e dolorosas que conhecemos. Creio que há um Real invencível no ser humano frágil e impermanente, assim como no universo que o envolve.

A cura consiste no restabelecimento da relação com o Real, na consciência de que não podemos estar separados "daquilo que está em todos os lugares e sempre presente" e que é a própria condição da nossa "presença real" no mundo.

O Real, "ninguém jamais o viu", mas as realidades que o manifestam, o encarnam ou o representam nos permitem conhecê-lo...

O Real é a luz que ilumina todas as realidades, da mais opaca à mais transparente, essa luz é Consciência que responde à nossa consciência e a torna possível. A luz está na matéria, a matéria não pode retê-la ou contê-la.

O Real é a Vida que anima todas as realidades, da mais inerte à mais vivaz ou vivificante, essa Vida é movimento, vir a ser...

Ela é uma Energia, uma "Força que vai"; quando fazemos apenas um com ela, dizemos que "Tudo "vai" bem"...

O Real é o Amor que anima a vida, tanto a mais rica quanto a mais miserável, esse Amor é capacidade de Dom, de generosidade, de compaixão, ele é o próprio movimento da vida que se dá e que perdoa...

Quando fazemos apenas um com a realidade do Amor, somos libertados de toda amargura, a alegria é uma experiência, nós conhecemos a Vida Bem-aventurada...

O Real é a liberdade do Espaço que não é atingido ou maculado por aquilo que nele se agita ou passa. É uma luz, uma vida, um amor que não julga nem se apega àquilo que vai. Fazer apenas um com essa liberdade é viver em um infinito respeito por tudo aquilo que vive e respira, é a visão ou a intuição do Real que está sempre presente em todo lugar que nos torna não dependentes das realidades transitórias que podemos, então, apreciar e amar na sua justa medida.

O Real é a nossa verdadeira natureza, ele é Luz (Espírito – Consciência), Amor (Alegria – Beatitude), Vida (Força – Energia), Liberdade (Espaço – Vastidão).

Se nos sentirmos "carentes da realidade", o que é considerado uma "patologia", trata-se de uma falta de consciência (confusão – obscuridade), falta de amor (tristeza – fechamento), falta de força (fraqueza – cansaço) ou falta de liberdade (alienação – dependência)...

Pensamos que podemos preencher essa falta, essa carência com realidades externas, o que pode muito rapidamente conduzir a impasses. Podemos conhecer algumas satisfações ou contentamentos fugazes, mas a falta, a carência, aumentam, irritam...

Se sentirmos uma carência de realidade (Consciência – Amor – Vida – Liberdade) é porque alguma coisa impede nossa verdadeira natureza de se expressar ou de se doar. São as barreiras, os bloqueios, os obstáculos (*shatan* (satã) em hebraico) que o terapeuta leva em consideração. O trabalho de "análise", literal e etimologicamente, quer dizer "dissolver" (*lyse*) para o alto (*ana*), desfazer, desembaraçar, dissolver os nós, os bloqueios que impedem que o Real se dê ou que impedem a consciência, o Amor, a Vida, a Liberdade... de "circular" e de ir "cada vez melhor" em um corpo "libertado" daquilo que ele não é; "entregue"[133] (aberto – ofertado) ao Ser que Ele é, felizmente.

Você me pergunta como posso afirmar que o Real é a verdadeira natureza do ser humano e que realidades como a Consciência – o Amor – a Vida – a Liberdade, são mais reais do que realidades como o absurdo – o ódio – o medo – a morte...

Sim, realmente trata-se do meu pressuposto antropológico, do meu *a priori* – mas também da minha experiência.

---

133 Jogo de palavras intraduzível em português entre as palavras "*délivré*" – "libertado" e "*livré*" – "entregue" [N.T.].

Quando eu estou consciente: "Eu Sou".

Quando eu estou cada vez mais consciente, eu sou cada vez mais uma presença real consciente.

Quando eu não estou consciente: "Eu não sou".

Quando eu estou na compaixão (aberto à alteridade) e no amor: "Eu Sou".

Quanto mais eu estou na compaixão e no amor, tanto mais "Eu Sou" – presença real, afirmação da realidade do amor.

Quando eu não estou na compaixão e no amor, "eu não sou", eu não estou em relação com aquilo que é, eu não estou realmente "presente".

Quando eu estou vivo, cheio de energia, eu estou consciente daquilo que eu sou, eu amo aquilo que eu sou: "Eu Sou".

Quando estou cansado, deprimido, doente, eu não estou bem, mas continuo sendo "Eu Sou" em um corpo, um psiquismo, que sofrem...

Não é "Eu Sou" quem vai morrer, mas a forma onde Ele se manifesta, onde Ele se encarna...

Sinto-me mal na vida que tenho, ainda um pouco mais de tempo, logo eu não a terei mais. Permanece "a vida que eu sou", "Eu Sou" é livre...

Estas são evidências por vezes difíceis de compartilhar, igualmente difícil de compreender aquilo que em nós e no outro resistem a essas evidências.

Contudo, a função do terapeuta não seria, ao dar testemunho da sua experiência do Real, recentrar o outro na "identidade que ele *é*" e libertá-lo das "identificações que ele possui"?

Não seria isso torná-lo presente a essa "presença real", recolocá-lo em seu eixo?

Carta III

Meu caro T.,

O Real está em todo lugar e sempre presente em todas as realidades; ele jamais falta, o que falta é a atenção à sua Presença.

A Escuta, a atenção, a vigilância: é isso que nos mantém em estado de "presença real", ou seja, em estado de relação com tudo que é, vive e respira, no instante...

No corpo, a Antena dessa Escuta é aquilo que eu chamei de "eixo". Como reencontrar esse eixo? E nele permanecer? Você me pergunta: Existe algum método, som ou canto que possa nos ajudar a "torná-lo presente"? (anamnese essencial).

O eixo é aquilo que, ininterruptamente, situa o ser humano no "seu lugar": sobre a terra, sob o céu, no Sopro.

O eixo é "a árvore da vida plantada no meio do jardim", bem enraizada no chão e desdobrando-se generosamente no espaço, obedecendo ao duplo movimento da seiva, rumo ao mais profundo e ao mais elevado. Se a árvore se desenvolver sem se enraizar e se ela se enraizar sem se desenvolver, ela estará apressando sua morte e privando-se de dar sua sombra aos pássaros.

Enraizamento e abertura – manter ambos unidos: o enraizamento sem a abertura corre o risco de conduzir o terapeuta à esclerose e à repetição; a abertura sem o enraizamento o mantém na superficialidade ou na dispersão – daí a importância de pertencer a uma tradição viva. O que é transmitido não é apenas a memória dos nossos ancestrais de Alexandria, suas cinzas, mas sua chama sempre viva e ereta: seu eixo, sua coluna vertebral, "a árvore da vida plantada no meio do jardim".

Junto à imagem da árvore, existe também a imagem da flauta de bambu: "Que eu possa ser uma flauta de bambu na qual o Sopro da Vida (*Rouah – pneuma*) toque sua melodia..."

É essa imagem da flauta inspirada-expirada que "pensa" e se "despende" que me guiará para falar sobre o eixo.

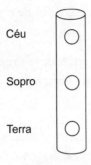

Acrescento à flauta três "buracos" para simbolizar os três centros vitais mais familiares, por onde o Sopro do Real se desdobra e manifesta:

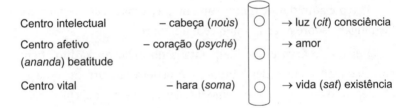

As palavras em grego e em sânscrito estão presentes para entrar em ressonância com os lugares diversos da *Anthropologia perennis* – a humanidade não é apenas o privilégio de uma raça ou de um povo em particular.

Além de apresentarmos o ser humano no seu eixo, podemos representar o ser humano "sem eixo" e o ser humano "adaptado".

Neurose/psicose	O ser humano no seu eixo	Normose
sem eixo	integrado	adaptado
frustrado	esclarecido	satisfeito
inquieto	apaziguado	assegurado
violento	livre	domesticado

Estar sem eixo ou estar adaptado são duas situações onde o ser humano está "em sofrimento", fora de si mesmo, fora do seu eixo, o que é, literalmente, o sentido da palavra "pecado" – *hamartia* em grego – "visar ao largo", "visar ao lado", estar "fora do alvo", "fora do seu eixo".

Com relação ao homem "fora de si mesmo", "sem eixo", o terapeuta se perguntará: O que o faz sofrer de tal maneira? Quais são suas faltas, suas carências, suas necessidades, suas expectativas?

Em seguida, ele se perguntará quais soluções externas, suscetíveis de acalmar seu mal-estar, sua violência e suas frustrações, podem lhe ser propostas. Não haveria igualmente uma solução ou uma resolução internas ao seu conflito e ao seu sofrimento? A saída não seria ajudá-lo a reencontrar seu eixo ou a reencontrar seu centro, ou seja, seus pontos de ancoragem no Real, para que, novamente, o Sopro circule nele, entoando sua melodia?

Sem dúvida, não devemos ir rápido demais. A primeira coisa a ser feita seria reconhecer as três grandes faltas ou carências que vão gerar as três grandes aflições ou angústias e, consequentemente, as três grandes violências ou revoltas do ser humano.

O que me falta? O que lhe falta para ser feliz e estar em paz?

Para viver, o homem tem necessidade de alimento, território, de um teto – é o mínimo que ele necessita para ter um mínimo de segurança e identidade; se esse mínimo faltar, ele terá necessidade de procurá-lo e de tomá-lo ali, onde, aparentemente, ele "não falta". Às vezes, ele poderá fazer isso com violência, é uma questão de sobrevivência...

Sem dúvida, é por aí que devemos começar: respondendo a essas necessidades vitais. Não podemos falar de amor, de filosofia ou de espiritualidade a alguém que tem fome ou que não tem o que vestir ou como se abrigar do frio ou de um sol forte demais. Se a consciência do terapeuta for real, se seu amor for real, ele cuidará da presença real do outro e das suas necessidades vitais, mas ele também sabe que "o homem não vive apenas de pão". Fazer o outro acreditar que o sucesso social, o dinheiro, o trabalho, a boa saúde podem lhe dar a segurança que ele procura, seria mantê-lo na ilusão...

No entanto: "Que aquele que deseja tornar-se pobre, comece sendo rico" – é a experiência da riqueza que lhe mostrará que as diferentes formas de segurança externas (acumulação de bens ou de territórios) não trazem segurança e paz; por vezes acontece o oposto: o homem rico que ele se tornou está mais inquieto do que o homem pobre que ele foi (cf. a Parábola do Sapateiro e do Economista).

Qual é o "segredo" daqueles que não têm nada, nenhuma segurança externa além do pão e do teto, mas que permanecem serenos, seguros, não se inquietando com o amanhã, mesmo que o amanhã seja o dia da sua morte?

Sem dúvida, eles aceitaram seus limites, seu ser mortal que nenhuma segurança externa os faz esquecer; nessa aceitação eles se abriram ao infinito, àquilo que não tem limites, que nada nem ninguém pode adquirir ou perder.

No coração da "vida que ele tem", acompanhá-lo rumo à "Vida que ele é"... ali ele encontrará a serenidade do "ventre" e seu "Sopro tranquilo". Ele permanecerá no seu eixo vital...

Se o homem não pode viver sem "teto", ele também não pode viver sem "você"[134]. O homem não vive apenas de pão, ele também precisa de amor e de conhecimento, existem no ser humano outras fomes e outras sedes que devemos reconhecer e respeitar, senão ele permanecerá frustrado e se dará o direito de tomar à força aquilo que lhe falta e que ele pensa encontrar no outro... ou, então, essa violência se voltará contra ele próprio, em forma de depressão ou suicídio.

Junto à necessidade de segurança, que é uma necessidade de nascimento, existe também uma necessidade de reconhecimento,

---

[134] Jogo de palavras intraduzível em português, entre as palavras "*toit*" – "teto" e "*toi*" – "você" [N.T.].

de pertencimento a uma família, uma tribo, uma sociedade, uma igreja... a uma comunidade onde ele encontre o "seu" lugar. Talvez não haja dor maior do que a dor da exclusão ou do ostracismo...

Aquilo que o ser humano mais teme não seria essa solidão que o corta e o afasta não apenas dos outros seres humanos, mas também do sentimento de pertencer ao universo e à vida, através de uma comunicação e uma comunhão conscientes?

É na sua pretensão em responder a essa necessidade de pertencimento que as seitas, sejam religiosas, políticas ou terapêuticas, proliferam. Todos os tipos de técnicas de comunicação ou de fusão foram desenvolvidos para ajudar alguém que carece de identidade pessoal a identificar-se a um grupo. Muitas vezes o ser humano se contenta com essa identidade artificial que lhe é dada através de uma segurança afetiva que é suficiente para viver, "mas não durante toda a sua vida", amar, "mas não todo o seu amor"...

Ter uma família, um trabalho, um reconhecimento social, um pertencimento político ou religioso, isso ainda não traz a paz ao coração... são proposições ou soluções externas que trazem um alívio para a solidão, mas no momento da dúvida, do fracasso ou da morte (a sua ou a de alguém próximo), ele a encontra mais viva do que nunca...

Novamente, após ter tentado ou esgotado as soluções externas, será preciso encontrar "a solução interna". Qual é o segredo desses seres livres e amorosos, sós ou em companhia, livres para entrar e sair na sua relação, no seu partido, nas suas afiliações ou suas igrejas?

Eles aceitaram sua solidão essencial, e nessa aceitação eles não pedem mais que os outros preencham suas faltas. Nessa falta e nessa carência aceitas, eles encontraram o próprio espaço de uma comunhão com tudo aquilo que vive e respira, com o Real manifestado, encarnado, representado nas mais diversas realidades, próximas ou distantes...

O Amor não é uma realidade externa que poderíamos buscar ou adquirir, aqui ou lá... O Amor é o próprio Real que se dá em nós quando não oferecemos obstáculo, o Amor é o próprio Sopro da vida que canta em nós sua melodia quando o centro do coração está aberto...

Às vezes, o coração se abre no momento de um encontro, mas ele apenas permanece no aberto quando ele se permite ser encontrado pelo Real que está em todo lugar e está sempre presente, percebido e interpretado como um "Você" que me faz "Eu".

Apenas a confirmação afetiva essencial pode fazê-lo feliz e confiante ao longo da sua existência. É dessa confirmação afetiva essencial que nascerá sua compaixão e o seu desejo de servir todos os seres humanos para que eles também cheguem a essa invencível tranquilidade do coração...

Existem no ser humano necessidades vitais, necessidades de nascimento; existem também necessidades afetivas, necessidades de reconhecimento e há também necessidade de Sentido, necessidade de conhecimento.

Existe todo um tipo de literatura e diversas filosofias da moda que apenas afastam o ser humano do seu eixo, afirmando que a vida é absurda, que o universo é um caos, que nada faz sentido – isso irá justificar os comportamentos mais violentos ou mais aberrantes... No entanto, o ser humano não consegue se satisfazer com aquilo que lhe é apresentado como sendo o estado das coisas; "o acaso e a necessidade" tornaram-se a norma.

O pior dos sofrimentos é o sofrimento ao qual não podemos dar um sentido; é normal que o terapeuta ajude e acompanhe alguém na sua busca de sentido.

De início, ele procurará o sentido daquilo que lhe acontece ou daquilo que acontece à sua história, no coração da história social e cósmica, nas "grandes explicações", sejam elas científicas, psicológicas ou filosóficas. Ele poderá, dessa maneira, acumular todo tipo de conhecimentos, que pretendem explicar os mecanismos do cérebro e do universo, as causas da doença ou do mal-estar etc. Essas explicações são úteis, o conhecimento começa, sem dúvida, pelo saber e pela aquisição de um certo número de dados objetivos, que nos permitem decifrar os sintomas ou enigmas do mundo.

Reencontrar "o uso da razão" não passa apenas pelo que chamamos de cura da loucura ou da desordem mental.

Seria o terapeuta apenas um sujeito suposto saber, um ser de razão? Seria sua função apenas dar explicações aos sofrimentos daquele que ele acompanha ou ajudá-lo a "ouvir a razão", ou seja, a voltar a ser "normal", bem-adaptado a uma sociedade que, todavia, ele considera doente?

O terapeuta não é um "sujeito suposto saber", mas um sujeito suposto escutar. "Eu lhes empresto minhas orelhas para que vocês possam se escutar melhor", dizia Françoise Dalto. É graças a essa escuta que o paciente irá, talvez, descobrir o Sentido daquilo que lhe acontece, para além das explicações ou das razões que ele mesmo ou os seus próximos, a sociedade e, às vezes, até mesmo os terapeutas, querem lhe impor.

Isso supõe que o terapeuta não feche o outro em suas grades de leitura ou de interpretações e que ele permaneça em um estado de total acolhimento e receptividade. Nesse momento, a palavra inesperada poderá ser dita, o *Logos* que vem do inconsciente pessoal, transgeracional, coletivo ou cósmico, poderá ser ouvido.

O *Logos*, ou seja, a informação interna que permite que o Ser humano reencontre o seu eixo e a sua coerência...

O terapeuta não deve transmitir conhecimentos em particular; ele pode ajudar aquele que ele acompanha a tornar-se ele mesmo "Conhecimento". Ele não vai lhe vender técnicas de felicidade ou explicações que o farão dependente dessas técnicas ou do próprio terapeuta enquanto "suposto saber" ou "solução para todos os problemas"; ele o convida a descobrir em si mesmo "a consciência que ele é", capaz de dar sentido a tudo aquilo que lhe acontece, e talvez a fazer disso uma oportunidade de crescimento e despertar.

Necessidades de nascimento, necessidades de reconhecimento, necessidades de conhecimento – sem negligenciar as soluções e as resoluções externas a essas necessidades fundamentais, o terapeuta orienta aquele ou aquela que ele acompanha em direção a uma solução e resolução internas, ou seja: "ele mesmo" no eixo do Real que se dá nele, como consciência (luz), como amor (compaixão), como Vida (Sopro).

Dessa maneira, ele o ajuda a descobrir a força (a Vida) que ele é, o que responde à sua necessidade de segurança.

O Amor (a compaixão) que ele é, o que responde à sua necessidade de comunhão.

A Consciência (a inteligência) que ele é, o que responde à sua necessidade de sentido.

Esse Amor, essa Consciência, essa Força, é o seu valor, seu peso da "presença real", o corpo ou a forma na qual o Real se manifesta, se encarna e se doa. Ele não voltou apenas à razão, à saúde, a um pertencimento afetivo, ele voltou à realidade que ele é:

> Com ou sem conhecimentos, ele é Conhecimento.
>
> Com ou sem relações particulares, ele é Amor.
>
> Com ou sem apoio ou seguranças, ele é Serenidade.

Ele descobriu:

- Que aquele que busca o amor jamais o encontrará; aquele que o dá já o encontrou.

- Aquele que busca o conhecimento jamais o encontrará; aquele que conhece aquilo que está diante e detrás dos seus olhos já o encontrou.

- Aquele que busca a felicidade jamais a encontrará; aquele que faz um com o momento presente já é feliz.

- Aquele que busca a paz jamais a encontrará; aquele que simplesmente está aqui e que respira suavemente já está em paz.

- Aquele que busca "quem ele é" jamais se encontrará; ele já é "quem ele é".
- Aquele que busca o Real, aonde mais ele poderá encontrá-lo se não for na realidade que ele é?

Por que querer ir para onde moramos desde sempre? (o Real).

O terapeuta conduz ao esgotamento dos "porquês", ele faz apenas um com "com aquilo que é assim" (um outro nome do Ser que os Terapeutas de Alexandria não nomeavam, mas evocavam através das quatro consoantes [ou mais exatamente três]: YHWH).

Na Pistis Sophia, falamos de três vogais que são uma espécie de eco desse Nome divino: I – a – w (i – a – o). Essas três vogais, quando as pronunciamos de maneira leve e interiorizada no próprio movimento do sopro, nos recentram em nosso eixo e fazem cantar nossa flauta de bambu.

Necessidade de sentido	consciência		I (i) cabeça
Necessidade de comunhão	compaixão		α (a) coração
Necessidade de segurança	vida		ω (o) hara

Os antigos terapeutas inscreviam dessa maneira o Nome inefável no corpo do homem:

Jogo de palavras, brincadeira de criança? Talvez.

A anamnese essencial não é reencontrar a memória daquilo que jamais poderemos dizer, mas que incessantemente canta sua melodia em cada um de nós?

Não são as palavras ou o segredo perdido, mas o sorriso esquecido...

Carta IV

Meu caro T.,

Sua questão agora não é mais o que é o Real? Mas como ter acesso a ele? Através de quais métodos o ser humano pode ter acesso a ele? Existe algum caminho, algum método, alguma prática?

Eis o que pressentimos: não existe acesso ao Real, pois nós somos o Real.

Como o eu poderia encontrar um caminho rumo ao eu, se não for através do desdobramento, ou seja, afastando-se dele próprio?

Buscar os meios de acesso ao Real é afastar-se dele, ou, até mesmo, perdê-lo.

Aquilo que buscamos, nós já o somos, e só o encontramos quando paramos de buscá-lo.

O Buda se descobre desperto no próprio momento onde ele não busca mais o Despertar: Que momento é esse onde não procuramos mais o Despertar? Onde não procuramos mais o Real? O momento onde o mental está em silêncio, onde o coração está em silêncio, onde o corpo está em silêncio, o momento onde todo nosso ser "está aqui, assim", sem nenhum pensamento, sem nenhum desejo, sem nenhuma tensão...

O "eu" procura o "eu"; pequeno eu procura grande eu; eu procura o Self em mim (*atman* procura *brahman*) ou eu procura Deus em mim.

É sempre a mesma busca ilusória: eu (e o Self, e Deus) não será achado até que paremos de procurá-lo, já que eu é eu (eu é Self – *atman* é *brahman*), o real é o Real, e as transformações evidentes, que a história (e a história dos filósofos e a história das religiões) operam nele, não mudam nada, já que eu e minha história somos eu; o real e a sua história são o Real.

O que fazer, então, se não tenho mais que me conhecer a mim mesmo? Se não tenho mais que interrogar e pensar as realidades ou aquilo que "é" para conhecer o Real?

Pensar de outra maneira, sem dúvida, não para buscar compreender (objetivar) o Real, mas para simplesmente celebrar, aquiescer àquilo que era, àquilo que é, àquilo que será...

Isso não é a destruição do pensamento, mas a "desobstrução" do pensamento para que ele permaneça na Escuta, no aberto, não apenas consciência "daquilo que é", mas consciência de ser "aquilo" que é.

Ver o que é, ver o que observa aquilo que é, ser aquilo que é.

Entre aquilo que é visto e aquilo que vê: a própria consciência... O Real inseparável e diferenciado do objeto e do sujeito que ele permeia e contém.

O Amante, a Amada, o Amor.

O sujeito da consciência, o objeto da consciência, a consciência.

O olhar, aquilo que é visto, a visão.

A realidade subjetiva, a realidade objetiva, a realidade "entre" os dois que torna ambos possíveis...

O Criador, a Criação, a Criatividade...

Sempre e em todo lugar os Três são Um, o Real é Três e Um. Além dos números e do "numerável", ele é Uni-Trindade.

"O on, o en, o erkomenos..."

Carta V

Meu caro T.,

Você me pergunta o que eu "compreendo" por este "claro silêncio" que seria nossa música íntima e última, nossa verdadeira natureza... e, de que maneira o terapeuta, através da sua escuta e da sua atenção, pode permitir ou favorecer a este ou a esta que ele acompanha ao longo do caminho, o acesso a este claro silêncio, música íntima e última, sua verdadeira natureza...?

Há, antes de tudo, o "claro silêncio" do corpo, que chamamos de calma, Sopro tranquilo, alguns chegaram a chamá-lo de "virgindade", por exemplo, para falar de Maria, um corpo completamente calmo, relaxado, silencioso, infinitamente sensível à Vida, à Consciência e ao Amor que se encarnaram nele. O infinito e sutil prazer de experimentar-se como tendo sido engendrado pela Vida e engendrando a Vida...

O claro silêncio do corpo é experimentar-se a si mesmo, na carne, como Vivente; isso nem sempre exclui a dor, mas esta dor está contida em uma realidade infinitamente mais vasta que a acalma e a situa como um obstáculo necessário onde nós experimentamos de maneira mais intensa a "corrente", o "ir em frente" da vida...

Nem todos são Baudelaire para falar desta maneira: "Sê sábia, ó minha dor [...]. Ouve, querida, a doce noite que caminha"[135], mas podemos murmurar dizendo: "Não acrescenta mais sofrimento, ó minha dor, queda-te calma, escuta em ti, é a Vida que vai, a grande Vida que caminha..."

A "música" das nossas artérias ou vísceras não é a música dos anjos, mas por vezes o barulho do sangue e as palpitações do coração se acalmam, o holter registra apenas harmonia ou um claro silêncio, o milagre de viver acolhe o corpo em seu desejo de paz.

O claro silêncio do corpo, que chamamos de tranquilidade, pode por vezes nos ajudar a entrar neste claro silêncio do coração que chamamos de compaixão. O coração também tem suas agitações, seus ruídos, seus rumores, seus rancores, seus julgamentos, sobretudo seus medos; tudo que é um estorvo e faz obstáculo à

---

[135] Trecho do poema "Recueillement" ("Recolhimento") de Charles Baudelaire (1821-1867): "Sê sábia, ó minha dor, e queda-te mais quieta. / Reclamavas a tarde; eis que ela vem descendo: / Sobre a cidade um véu de sombras se projeta, / A alguns trazendo a angústia, a paz a outros trazendo. / Enquanto dos mortais a multidão abjeta, / Sob o flagelo do prazer, algoz horrendo, / Remorsos colhe à festa e sôfrega se inquieta, / Dá-me, ó dor, tua mão; vem por aqui, correndo / Deles. Vem ver curvarem-se os anos passados // Nas varandas do céu, em trajes antiquados; / Surgir das águas a saudade sorridente; / O sol que numa arcada agoniza e se aninha, / E, qual longo sudário a arrastar-se no Oriente, / Ouve, querida, a doce Noite que caminha [N.T.].

simples circulação da Vida, que neste nível de ser chama-se generosidade, confiança, respeito ou, ainda, amor.

Nos tempos atuais, podemos nos surpreender que a bondade ainda exista no homem, outrora chamávamos a Bondade, junto com a Beleza e a Verdade, de um "Transcendental"; no entanto, não há nada mais imanente ou mais íntimo; mas esta bondade é, sem dúvida, a "prova" ou a "provação" daquilo que em nós, nos suplanta...

Talvez você tenha observado: a bondade é esta qualidade que emana de um coração silencioso que deixou de julgar, de condenar, de exigir, de comandar e que, sobretudo, deixou de se queixar e de acusar. A compaixão é a nossa verdadeira natureza que se revela ao coração, quando este não está mais na expectativa ou no medo.

"Quando estou feliz, que o meu mérito possa se derramar sobre os outros, possa sua bênção invadir o céu; quando estou infeliz, possam todos os sofrimentos de todos os seres serem os meus! Possa o oceano de sofrimento secar", dizia Jamgön Kongtrül.

Seria o claro silêncio do coração proporcional à sua abertura, à sua não clausura, ao "não fechamento" sobre si"? De todo modo, é difícil dizer a alguém, como fazia Dilgo Khyentsé Rinpoché: "Todas as suas dificuldades vêm do fato de você não levar em consideração o interesse dos outros. O que quer que você faça, olhe constantemente para o espelho do seu espírito e verifique se está agindo por si mesmo ou pelos outros".

É quase palavra por palavra o que dizia irmã Emmanuelle[136] antes de morrer, acrescentando que "somos infelizes por falta de interesse pelos outros".

A compaixão é o sinal de um coração em boa saúde e em harmonia com tudo aquilo que o cerca; seja agradável ou desagradável,

---

136 Irmã Emmanuelle (1908-2008), nascida Madeleine Cinquin em Bruxelas, é frequentemente chamada de "Irmãzinha dos Pobres". Além de religiosa, ela foi professora e escritora, sendo muito conhecida por suas obras de caridade no Egito, graças às quais o Presidente Mubarak lhe concedeu a nacionalidade egípcia em 1991 [N.T.].

tudo é bem-vindo em um coração cuja única preocupação é ser "bom" ou ser "dom", como o sol que dá sua claridade tanto ao ouro quanto ao lixo.

Ser bom é lembrar-se que a fonte da paciência em nós jamais está longe, e que a fonte tem sede de ser bebida e de nos tornar capazes de dons ali onde pensávamos jamais ter água suficiente.

"Não devemos esquecer que, mesmo no ser humano mais pervertido e mais cruel, enquanto ele for um ser humano, existe um pequeno grão de amor e de compaixão que fará dele, um dia, um buda" (Dalai Lama).

Eu acrescentaria que, mesmo no ser humano mais infeliz, existe um pequeno grão de compaixão, que se ele o der, fará com que ele esqueça seu infortúnio. O terapeuta "zela pelo grão", ele não força o grão a germinar, ele lhe lembra sua capacidade de crescimento, sua bondade essencial.

Este claro silêncio do coração que chamamos de compaixão (sem o qual não podemos fazer música juntos), não depende do claro silêncio do espírito que chamamos de Despertar?

Devemos começar pela calma do corpo ou pela calma do espírito? Creio que isso depende de cada um, em todo caso, a calma de um está ligada à calma do outro.

Quando o sopro está tranquilo, o mental e a afetividade relaxam. Quando o mental está calmo e silencioso, a afetividade e o corpo encontram-se melhores – essas são evidências!

Eu escreverei em outra carta quais são para mim os métodos para "acalmar o espírito"; você já conhece alguns: a consciência do sopro, um som, mantra ou invocação podem nos ajudar. Mesmo sendo evidente que a fonte da maioria dos nossos "males" está no mental, para muitos não é óbvio que o claro silêncio do espírito, ou seja, um estado de não pensamento, de "não compreensão", por parte do mental, dos objetos internos ou externos, ou seja, um estado de contemplação, seja a fonte da nossa salvação (*soteria*: saúde) e do nosso despertar (*aletheia*: verdade).

O que é a contemplação? Novamente trata-se de um estado de abertura, de receptividade àquilo que é, sem fixação particular sobre tal ou tal "coisa", é ver todas as coisas no dia (*dies*), na luz. A luz ou o "Espaço" que é o Templo (contemplar é entrar e estar no *templum* – o Templo).

Considerar nosso espírito como um céu sem nuvens que contém e aceita tudo: presença e ausência, ser e não ser, felicidade e infortúnio, bem e mal, todos esses conceitos e essas oposições são abandonados, deixamos nosso espírito repousar em um estado de acolhida simples, boa, sem preocupação: "Aquilo que é, é; aquilo que não é, não é". Tudo que falamos a mais, é o mental, são projeções, é mentira, barulho sobre o claro silêncio "daquilo que é assim"... e minhas palavras neste instante, o que são elas sobre a página branca? Barulho? Música? Quem sabe?

Não é tudo um eco do claro silêncio?

Então, conceda alguma compaixão aos meus barulhos que tentam entrar em harmonia com os teus... Pode deixá-los com os outros pensamentos, como os remoinhos sensatos ou insensatos de uma fonte... Eles se apagarão naturalmente em si mesmos...

Carta VI

Meu caro T.,

Você me pergunta se devemos opor medicina clássica a terapias alternativas ou transpessoais?

A maturidade é descobrir que as "verdades" que consideramos como "contrárias" revelam-se, na realidade, como "complementares".

Um terapeuta no espírito de Fílon de Alexandria poderia mostrar em um mesmo movimento os benefícios das "medicinas clássicas" e os das "medicinas alternativas" sendo lúcido e crítico para com umas e outras; pois, junto aos "grandes patrões" e aos mestres autênticos, há muitos charlatões ou pseudo "supostos saberes" que querem impor seus diagnósticos, suas tecnologias, suas medicações, químicas ou espirituais, como leis, às custas do doente que não é mais escutado como um ser autônomo e responsável, com quem deveríamos colaborar de maneira mais estreita para obter ou reencontrar uma saúde melhor e uma harmonia mais elevada...

Um terapeuta no espírito de Fílon de Alexandria nos lembraria que "aquilo que é capital é o trabalho pessoal do paciente; ele mesmo é um artesão da sua libertação; o caminho seguido pode ser diferente, mas o papel essencial do terapeuta é o de conduzir seu paciente à esta libertação. Libertação que sempre passa por uma tomada de consciência em um primeiro momento; em seguida, um bálsamo de luz e paz virá automaticamente se as técnicas utilizadas para chegar a esta tomada de consciência tiverem sido ajustadas com doçura respeitando o paciente, assim como as suas dores"[137].

Fazendo eco ou estando em ressonância com os antigos terapeutas[138], seria bom nos lembrarmos que não é o médico quem cura, é "a Natureza que cura"; o papel do terapeuta é o de propor as melhores condições para que a Natureza possa "operar"... Os diferentes instrumentos terapêuticos (medicina clássica europeia, medicina tradicional chinesa, homeopatia, análise transgeracional, toques energéticos etc.), esses instrumentos não passam de "meios hábeis" para restabelecer a Presença do Ser ou "o fluxo" "corrente" da vida, da luz e da harmonia em uma pessoa que está sofrendo.

Não devemos ter medo de transgredir um certo número de tabus, de falsos pudores do "pronto a pensar" e do "clinicamente correto" afirmando que o que cura é a essência da Natureza, "o Amor"... O terapeuta, para ser operante, deve estar à Escuta deste Amor, presente no médico, no doente e, é claro, "entre os dois"; é este "Terceiro" que detém, sem dúvida, o segredo da cura e dos diversos placebos cujos mecanismos e razões da sua eficácia a ciência tenta descobrir. A abordagem quântica do real é interessante neste aspecto: a matéria,

---

137 Cf. ANGELARD, C. *L'amour guérit* [O amor cura].
138 Cf. LELOUP, J.-Y. *Cuidar do Ser* – Os Terapeutas de Alexandria. Op. cit.

o corpo do ser humano, são ao mesmo tempo onda e partícula, é preciso, portanto, cuidar de ambos através do pensamento, através da oração, mas também através da medicação e o gesto (toque); o composto humano, corpo – alma – espírito (*soma – psique – noûs*) é indissociável... A essas considerações antropológicas, deveríamos acrescentar alguns propósitos metafísicos, pois são sobre esses pressupostos metafísicos simples que se baseia a medicina tradicional antiga e universal.

"O Ser é – o não ser não é."

"Aquilo que é, é; aquilo que não é, não é.

Tudo que dizemos a mais, vem do mental."

"Aquilo que não é 'realmente' já está perdido; aquilo que é 'realmente' não pode nos ser tirado..."

Mas o que é "realmente"? O que é o Real? O que é ilusório, impermanente?

Não são a Luz, a Vida e o Amor as três manifestações privilegiadas de um único Real?

"A Luz, a Consciência, é"; as trevas, a confusão mental são ausência ou falta de luz; restabelecer o contato com a luz pode "expulsar" essas trevas e esta confusão mental...

O papel do terapeuta será o de propor meios para reencontrar esta luz, este espaço de silêncio, de calma e harmonia no nível mental (oração – meditação – invocação – visualização etc. e, por que não, em um primeiro tempo, se for necessário, calmantes e antidepressivos?).

"O Amor, a compaixão, é"; o ódio, o medo são ausências ou faltas de Amor e de confiança; restabelecer o vínculo com este Amor, esta confiança "original", pode expulsar o medo, o ressentimento, a culpa etc.

O papel do terapeuta será também o de propor autênticos meios de abertura e cura do coração; pela anamnese, memórias felizes ou traumáticas, pela aceitação ou o perdão, mas também pelo exercício da generosidade, da compaixão e da atenção ao outro, que mantém o coração "líquido" e vivo.

"A Vida, a energia, é"; a doença, a fadiga, a morte são ausência ou falta de Vida; restabelecer em nós a "corrente da vida", o fluxo, "o movimento da Vida que se dá", permite que atravessemos a doença, o sofrimento e a morte; é aquilo que os antigos chamavam de "grande saúde". O papel do terapeuta será, portanto, novamente o de propor "exercícios de vida" que ajudarão seu paciente a "respirar ao largo" (tradução de "ser salvo" em hebraico), exercício do Sopro e da calma que uma respiração profunda pode engendrar, mas também "realinhamento" dos diferentes centros vitais do corpo, circulação da energia, drenagem linfática, tocar "confirmando afetivamente" (haptonomia[139]) etc. Sem esquecer, evidentemente, dos antibióticos, quando necessário, ou dos regimes alimentares e a higiene de vida (doenças crônicas)...

É bastante óbvio que o enunciado e o conhecimento mental destes pressupostos antropológicos e metafísicos simples não são suficientes, nem para o filósofo nem para o médico, para este tornar-se realmente um terapeuta.

Ser terapeuta demanda ainda a aquisição de outras competências e especializações nos campos onde recorremos a ele, mas "a anamnese essencial" da Luz, do Amor e da Vida que estão nele e naquele que ele acompanha, certamente darão à sua competência e à sua prática não apenas sua eficácia, mas também prazer e alegria por ser o que ele é: um servo da grande Vida e da grande Saúde a qual todos nós aspiramos.

---

139 Haptonomia é a ciência da afetividade e foi criada após a Segunda Guerra Mundial pelo psicoterapeuta holandês Franz Veldman. Ele definiu a haptonomia como um conjunto de práticas que buscam intensificar os benefícios de uma terapia, dando uma atenção particular ao toque [N.T.].

Carta VII

Meu caro T.,

Você me pergunta se uma formação no Espírito dos Terapeutas de Alexandria é possível? E o que já foi realizado nesse campo...

Eis aqui, portanto, algumas propostas antigas e recentes que eu submeto às suas observações e sugestões.

Se o terapeuta não é um "sujeito suposto saber", mas um "sujeito suposto escutar", a formação dos terapeutas deveria ser, antes de toda "aquisição" de conhecimentos ou métodos, uma formação à Escuta.

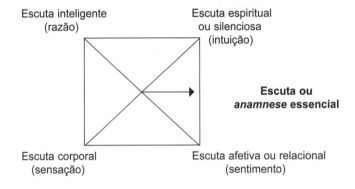

Escuta conduzindo à Experiência:

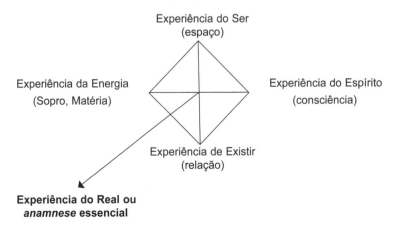

Essa Escuta e essa Experiência são a Estrela do terapeuta.

A Estrela que o guia e o orienta em seu caminho e no caminho onde ele acompanha aqueles que se confiam a ele.

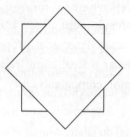

Estrela de quatro braços, encontro de dois quaternos
Lampejo do Real

Formação à Escuta

a) A Escuta inteligente pode ser desenvolvida através do Estudo e da Análise.

• Estudo da natureza (cosmologia, astrofísica, ciências biológicas, físicas, neurociências, ecologia).

• Estudo das profundezas do homem (antropologia, psicologia, análise dos sonhos, dos símbolos, textos sagrados...).

O objetivo do Estudo aqui não é o de acumular saberes, mas desenvolver uma consciência, a experiência do Real como Espírito.

b) A Escuta corporal pode ser desenvolvida através do Exercício.

• Exercício do corpo que nós somos (esporte, movimentos – posturas, Sopro, relaxamentos, massagens, artes marciais, arco e flecha...).

O objetivo do Exercício aqui não é o de adquirir poderes, desempenhos ou bem-estares físicos ou estéticos, mas entrar na apreensão do Real como Energia.

c) A Escuta afetiva ou relacional pode ser desenvolvida através da Expressão (criatividade, artes – música, cantos, desenho, pintura, modelagem, escultura, ikebana, arte do chá... – palavras, emoções, trocas, relações...).

O objetivo da Expressão aqui não é apenas realizar uma catarse ou uma manifestação das nossas próprias forças criadoras e relacionais, mas expressar o Real como relação, presença afetiva, paciência, respeito, Amor, compaixão...

d) A Escuta espiritual ou silenciosa pode ser desenvolvida através de diferentes métodos de meditações: Zen, Hesicasmo, Vipasana.

Essa Escuta não tem como objetivo tornar-se um "adepto" de tal ou tal método, mas de, através dele, abrir-se ao Real como Espaço: infinito, inapropriável – Eterno, liberdade essencial na qual se move tudo aquilo que vive e respira.

Resumindo

- O objetivo do Estudo e dos estudos → O Espírito: a consciência, Consciência de si, Consciência do Self, Luz.
- O objetivo do exercício → A Energia: a Saúde, a Vida.
- O objetivo da Expressão → A Existência: que é Relação, Amor e Compaixão.
- O objetivo da Escuta silenciosa → o Ser: que é Espaço, Liberdade.
- Escuta: Estudo – Exercício – Expressão – Escuta silenciosa (intelecto – corpo – afetividade – espiritualidade).
- Que é Experiência: Espírito – Energia – Existir – Ser (luz – vida – amor – liberdade).
- Que é Realização: pessoal – coletiva – cósmica: "Presença real".

(Presença do Real na realidade relativa que é o ser humano em uma dada sociedade em um momento particular da história do cosmos.)

A maior parte das escolas e das formações desenvolve um aspecto do quaternário, o Estudo ou o Exercício, a meditação ou a relação, que conduzem a uma experiência particular considerada como o objetivo único ou o todo da Experiência.

Isso fará com que alguns digam que "Tudo é Consciência", "Tudo é Energia", "Tudo é Espaço (vacuidade)", "Tudo é Amor"...

Uma escola ou uma formação no espírito dos Terapeutas de Alexandria vela, sobretudo, à integração do quaterno (estudo e exercício e meditação e relação) como fonte de harmonia e Paz (*"Shalom"* quer dizer "estar inteiro" – nós não estaremos em paz enquanto um elemento de nosso quaterno estiver esquecido ou recalcado.

A integração desse quaterno não conduz a uma experiência particular do Real (Amor – Liberdade – Vida – Consciência), mas ao próprio Real, sabendo, contudo, que só temos acesso ao Real através das suas qualidades...; sua essência ou sua totalidade permanecem inacessíveis, "é a realidade, mas não toda a realidade"... Apenas o "Todo é Tudo", cada presença real é manifestação, encarnação do Todo, mas não é o Todo. Esse "não todo" é o nosso húmus, nossa humildade, nossa humanidade...

Seria a Experiência de ser uma Presença real (consciente – viva – amorosa – livre) a graça da Escuta (ou anamnese essencial), seu fruto, o dom da sua maturidade?

Aquilo que depende de nós não é a Experiência, ela nos é dada – aquilo que depende de nós é nos tornarmos capazes de acolher e compartilhar essa "capacidade".

Somos responsáveis por essa Vigilância-Escuta; responsáveis por oferecer-lhe uma formação que poderá desenvolvê-la e nutri--la. Formação exigente, sem dúvida, mas coerente com o desejo de "inteireza" que nos habita e com a compaixão que nos convida a compartilhá-la.

Referências em português

Cuidar do Ser. Editora Vozes.
O espírito na saúde (coletivo). Editora Vozes (esgotado).
Caminhos da realização. Editora Vozes.
Terapeutas do Deserto (com Leonardo Boff). Editora Vozes.
O Evangelho de Tomé. Editora Vozes.
Enraizamento e abertura. Editora Vozes (esgotado).
O corpo e seus símbolos. Editora Vozes.
O Evangelho de Maria. Editora Vozes.
A arte de morrer. Editora Vozes.
O Evangelho de João. Editora Vozes.
Escritos sobre o hesicasmo. Editora Vozes (esgotado).
Além da luz e da sombra. Editora Vozes.
Deserto, desertos. Editora Vozes (esgotado).
A montanha no oceano. Editora Vozes.
Uma arte de amar para os nossos tempos. Editora Vozes.
Apocalipse. Editora Vozes.
Introdução aos "verdadeiros filósofos". Editora Vozes.
Livro das Bem-aventuranças e do Pai-nosso. Editora Vozes.
O Evangelho de Felipe. Editora Vozes.
O essencial no amor (com Catherine Bensaid). Editora Vozes.
Judas e Jesus. Editora Vozes.
Jesus e Maria Madalena – Para os puros, tudo é puro. Editora Vozes.
Uma arte de cuidar. Editora Vozes.
A sabedoria do salgueiro. Editora Verus (esgotado).
Seitas, igrejas e religiões. Editora Verus (esgotado).
Deus não existe! – Eu rezo para Ele todos os dias. Editora Vozes.

O anjo como mestre interior. Editora Vozes.

O ícone – Uma escola do olhar. Editora Unesp.

A arte da atenção. Editora Verus (esgotado).

Normose: a patologia da normalidade. Editora Vozes.

Maria Madalena: uma mulher incomparável. Editora Verus (esgotado).

Sabedoria do Monte Athos. Editora Vozes.

O sentar e o caminhar. Editora Vozes.

O absurdo e a graça. Editora Vozes.

Maria Madalena na Montanha de Sainte Baume. Editora Vozes.

O Apocalipse de João. Editora Vozes.

A teologia mística de Dionísio o Areopagita – Um obscuro e luminoso silêncio. Editora Vozes.

Dimensões do cuidar. Editora Vozes.

Amar... apesar de tudo. Editora Vozes.